Jean-Joseph
Julaud

100 poèmes pour les amoureux des chats

F1RST
ÉDITIONS

ISBN : 978-2-412-07987-4
Dépôt légal : mai 2022
Imprimé en Italie

Mise en pages : Olivier Frenot
Correction : Sophie Guibout

Éditions First, un département d'Édi8
92, avenue de France
75013 Paris – France
Tél. : 01 44 16 09 00
Fax : 01 44 16 09 01
E-mail : firstinfo@efirst.com
Site Internet : www.editionsfirst.fr

Sommaire

Introduction

Une boule de poils, une bouille de roi, un port de reine, des pas de soie, des yeux de braise, un brin de rage, un grain de folie, de folles tendresses, de petites caches, de grandes moustaches, et puis, sans fin, des rêveries et des mystères qui tournent en rond dans un carton, et des hardiesses et des audaces, grimper encore, aller plus haut, et redescendre et prendre en chasse quelque maraud, sommeil de jour, course de nuit, suivre à la trace quelque souris, gifler les chiens sur le chemin où les ténèbres dissolvent tout, tous les méfaits, tous les forfaits, au petit jour, le cou tendu, les pattes lentes, serrer en bouche, avec ses plumes, un imprudent qui sommeillait sur une branche, pouillot fitis, chardonneret, un égaré du champ de thym dans la rosée, petit lapin qui peut trôner, écervelé – et décédé – teignant de rouge la jolie couette immaculée… enfin, vous, maîtres, vous maîtresses, vos indulgences, vos faiblesses de tous âges face aux carnages… vous pardonnez, vous oubliez tant la douceur de l'assassin, museau mutin, et tout le jour, et jusqu'au soir, vous vrille d'amour, avec des yeux plus que velours, la truffe humide, le cœur câlin – qui sait? perfide... –, et la bien jolie tête, et craquante et coquette, où s'inscrit sans délai, l'impératif croquettes, ô maîtres que nous sommes, maîtresses attentives, aurions-nous basculé dans l'incertain du monde où tout ce qui peut être n'est peut-être pas, où Schrödinger attend, patient et goguenard, une réponse quantique où l'univers enfin se démultiplierait, et se dupliquerait, alors dans tous ces mondes, on en trouverait un où les boules de poils, où les bouilles de roi, et tous les ports de reine et tous les pas de soie seraient tout à la fois les maîtres, les sujets, les seigneurs, les soumis, les princes et les rampants, et ce rôle changeant, ô maîtres, ô maîtresses, serait le vôtre aussi, ainsi, les uns, les autres, rage et folie, et fol amour en fusionnant, qui donc reconnaîtrait le possesseur, le possédé? Personne!

« Dans ma cervelle se promène, ainsi qu'en son appartement... », écrit Baudelaire, se promène, on sait bien qui, « un beau chat fort, doux et charmant », le mien, le tien, le vôtre, le chat de tous les temps, et de tous les poètes. Courons vers eux pour les connaître, du Bellay, La Fontaine et Florian, Hugo, Verlaine et Cros, Rollinat, et le surprenant Taine, Laforgue... Près de l'âtre, dans le prunier ou le petit jardin, on nous attend...

Jean-Joseph Julaud

Que contient ce petit livre ?

Dans cette anthologie, vous sont proposés des poèmes où gambadent des félins, des chats en majeure partie, mais aussi des lions, des tigres, un léopard, une panthère, des jaguars.

De du Bellay au XVIe siècle à Claude Roy au XXe siècle, en passant par La Fontaine, Boileau, Florian, Hugo, Verlaine, Laforgue et tant d'autres, chaque poète a célébré son chat, l'a admiré, ou regretté lorsqu'il le quitta, puisque ces petits compagnons, dans le langage quotidien, sont aussi appelés « bêtes à chagrin ».

Il suffit de lire l'« Épitaphe d'un chat » de du Bellay pour comprendre combien la mort de son petit Belaud le plonge dans une peine infinie, identique à travers les siècles à toutes les peines traversées par les maîtresses et maîtres orphelins de leur Belaud, depuis la nuit des temps ou presque. Tant de choses ont changé au fil des âges, tant d'inventions ont permis de mieux vivre, mais rien n'a été imaginé encore qui guérirait le chagrin, toujours égal à lui-même chez tous les humains sur la planète où s'abat comme une pluie de fatalités la détresse de la séparation.

Rien sauf la poésie. Celle que voici, pour vous lectrice, lecteur. Peut-être allez-vous la découvrir douillettement installé avec votre félin d'amour, peut-être allez-vous la lui lire, et lorsque sa petite tête se tournera vers vous, vous devinerez dans ses yeux le sourire du partage, bien sage, le bonheur de l'instant.

Et si vous voulez faire connaissance avec les distributeurs de croquettes ou autres nourritures pour félins que sont les poètes pour chats, filez à la fin de l'ouvrage, ils sont là, par siècles classés – c'est bien leur tour – comme en petites cages.

CHAT ME CHARME

•

Femme et chatte

Elle jouait avec sa chatte,
Et c'était merveille de voir
La main blanche et la blanche patte
S'ébattre dans l'ombre du soir.

Elle cachait – la scélérate ! –
Sous ces mitaines de fil noir
Ses meurtriers ongles d'agate,
Coupants et clairs comme un rasoir.

L'autre aussi faisait la sucrée
Et rentrait sa griffe acérée,
Mais le diable n'y perdait rien…
Et dans le boudoir où, sonore,
Tintait son rire aérien,
Brillaient quatre points de phosphore.

Paul Verlaine – *Poèmes saturniens* (1866)

Le chat

Viens, mon beau chat, sur mon cœur amoureux ;
Retiens les griffes de ta patte,
Et laisse-moi plonger dans tes beaux yeux,
Mêlés de métal et d'agate.

Lorsque mes doigts caressent à loisir
Ta tête et ton dos élastique,
Et que ma main s'enivre du plaisir
De palper ton corps électrique,

Je vois ma femme en esprit. Son regard,
Comme le tien, aimable bête
Profond et froid, coupe et fend comme un dard,

Et, des pieds jusques à la tête,
Un air subtil, un dangereux parfum
Nagent autour de son corps brun.

Charles Baudelaire – *Les Fleurs du mal* (1857)

Le chat

I

Dans ma cervelle se promène
Ainsi qu'en son appartement,
Un beau chat, fort, doux et charmant.
Quand il miaule, on l'entend à peine,

Tant son timbre est tendre et discret ;
Mais que sa voix s'apaise ou gronde,
Elle est toujours riche et profonde.
C'est là son charme et son secret.

Cette voix, qui perle et qui filtre
Dans mon fonds le plus ténébreux,
Me remplit comme un vers nombreux
Et me réjouit comme un philtre.

Elle endort les plus cruels maux
Et contient toutes les extases ;
Pour dire les plus longues phrases,
Elle n'a pas besoin de mots.

Non, il n'est pas d'archet qui morde
Sur mon cœur, parfait instrument,
Et fasse plus royalement
Chanter sa plus vibrante corde,

Que ta voix, chat mystérieux,
Chat séraphique, chat étrange,
En qui tout est, comme en un ange,
Aussi subtil qu'harmonieux !

II

De sa fourrure blonde et brune
Sort un parfum si doux, qu'un soir
J'en fus embaumé, pour l'avoir
Caressée une fois, rien qu'une.

C'est l'esprit familier du lieu ;
Il juge, il préside, il inspire
Toutes choses dans son empire ;
Peut-être est-il fée, est-il dieu ?

Quand mes yeux, vers ce chat que j'aime
Tirés comme par un aimant
Se retournent docilement
Et que je regarde en moi-même

Je vois avec étonnement
Le feu de ses prunelles pâles,
Clairs fanaux, vivantes opales,
Qui me contemplent fixement.

Charles Baudelaire – *Les Fleurs du mal* (1857)

Le chat

Je comprends que le chat ait frappé Baudelaire
Par son être magique où s'incarne le sphinx ;
Par le charme câlin de la lueur si claire
Qui s'échappe à longs jets de ses deux yeux de lynx,
Je comprends que le chat ait frappé Baudelaire.

Femme, serpent, colombe et singe par la grâce,
Il ondule, se cambre et regimbe aux doigts lourds ;
Et lorsque sa fourrure abrite une chair grasse,
C'est la beauté plastique en robe de velours :
Femme, serpent, colombe et singe par la grâce,

Vivant dans la pénombre et le silence austère
Où ronfle son ennui comme un poêle enchanté,
Sa compagnie apporte à l'homme solitaire
Le baume consolant de la mysticité
Vivant dans la pénombre et le silence austère.

Tour à tour triste et gai, somnolent et folâtre,
C'est bien l'âme du gîte où je me tiens sous clé ;
De la table à l'armoire et du fauteuil à l'âtre,
Il vague, sans salir l'objet qu'il a frôlé,
Tour à tour triste et gai, somnolent et folâtre.

Sur le bureau couvert de taches d'encre bleue
Où livres et cahiers gisent ouverts ou clos,
Il passe comme un souffle, effleurant de sa queue
La feuille où ma pensée allume ses falots,
Sur le bureau couvert de taches d'encre bleue.

Quand il mouille sa patte avec sa langue rose
Pour lustrer son poitrail et son minois si doux,
Il me cligne de l'œil en faisant une pause,
Et je voudrais toujours l'avoir sur mes genoux
Quand il mouille sa patte avec sa langue rose.

Accroupi chaudement aux temps noirs de décembre
Devant le feu qui flambe, ardent comme un enfer,
Pense-t-il aux souris dont il purge ma chambre
Avec ses crocs de nacre et ses ongles de fer ?
Non ! assis devant l'âtre aux temps noirs de décembre,

Entre les vieux chenets qui figurent deux nonnes
À la face bizarre, aux tétons monstrueux,
Il songe à l'angora, mignonne des mignonnes,
Qu'il voudrait bien avoir, le beau voluptueux,
Entre les vieux chenets qui figurent deux nonnes.

Il se dit que l'été, par les bons clairs de lune,
Il possédait sa chatte aux membres si velus ;

Et qu'aujourd'hui, pendant la saison froide et brune,
Il doit pleurer l'amour qui ne renaîtra plus
Que le prochain été, par les bons clairs de lune.

Sa luxure s'aiguise aux râles de l'alcôve,
Et quand nous en sortons encor pleins de désir,
Il nous jette un regard jaloux et presque fauve
Car tandis que nos corps s'enivrent de plaisir,
Sa luxure s'aiguise aux râles de l'alcôve.

Quand il bondit enfin sur la couche entr'ouverte,
Comme pour y cueillir un brin de volupté,
La passion reluit dans sa prunelle verte :
Il est beau de mollesse et de lubricité
Quand il bondit enfin sur la couche entr'ouverte.

Pour humer les parfums qu'y laisse mon amante,
Dans le creux où son corps a frémi dans mes bras,
Il se roule en pelote, et sa tête charmante
Tourne de droite à gauche en flairant les deux draps,
Pour humer les parfums qu'y laisse mon amante.

Alors il se pourlèche, il ronronne et miaule,
Et quand il s'est grisé de la senteur d'amour,
Il s'étire en bâillant avec un air si drôle,
Que l'on dirait qu'il va se pâmer à son tour ;
Alors il se pourlèche, il ronronne et miaule.

Son passé ressuscite, il revoit ses gouttières
Où, matou lovelace et toujours triomphant,
Il s'amuse à courir pendant des nuits entières
Les chattes qu'il enjôle avec ses cris d'enfant :
Son passé ressuscite, il revoit ses gouttières.

Panthère du foyer, tigre en miniature,
Tu me plais par ton vague et ton aménité,
Et je suis ton ami, car nulle créature
N'a compris mieux que toi ma sombre étrangeté,
Panthère du foyer, tigre en miniature.

Maurice Rollinat – *Les Névroses* (1883)

Le chat et le soleil

Le chat ouvrit les yeux,
Le soleil y entra.
Le chat ferma les yeux,
Le soleil y resta.

Voilà pourquoi, le soir,
Quand le chat se réveille,
J'aperçois dans le noir
Deux morceaux de soleil.

Maurice Carême – *L'Arlequin* (1970)

Les chats

Les amoureux fervents et les savants austères
Aiment également, dans leur mûre saison,
Les chats puissants et doux, orgueil de la maison,
Qui comme eux sont frileux et comme eux
sédentaires.

Amis de la science et de la volupté,
Ils cherchent le silence et l'horreur des ténèbres ;
L'Érèbe les eût pris pour ses coursiers funèbres,
S'ils pouvaient au servage incliner leur fierté.

Ils prennent en songeant les nobles attitudes
Des grands sphinx allongés au fond des solitudes,
Qui semblent s'endormir dans un rêve sans fin ;

Leurs reins féconds sont pleins d'étincelles
magiques,
Et des parcelles d'or, ainsi qu'un sable fin,
Étoilent vaguement leurs prunelles mystiques.

Charles Baudelaire – *Les Fleurs du mal* (1857)

CHAT ME PARLE

•

D'où viens-tu ?

Chat, chat, d'où viens-tu ?
– Je viens du fond de la nuit
je viens de jouer sans bruit
avec le vent et la lune.

Chat, chat, d'où viens-tu ?
– Je viens d'aiguiser mes dents
à l'or du soleil levant,
je l'ai cardé de mes griffes

Chat, chat, d'où viens-tu ?
– Je viens de lustrer mon corps
sous la pluie des gouttes d'or,
et ma fourrure étincelle.

Chat, chat, d'où viens-tu ?
– D'un pays silencieux
Qui dort au fond de mes yeux
à l'abri de mes paupières.

Chat, chat, d'où viens-tu?
– D'un pays où je suis roi
moi, j'en viens, vous n'irez pas
vous n'irez pas demoiselle!

Louisa Paulin – *Poèmes*

À une chatte

Chatte blanche, chatte sans tache,
Je te demande, dans ces vers,
Quel secret dort dans tes yeux verts,
Quel sarcasme sous ta moustache.

Tu nous lorgnes, pensant tout bas
Que nos fronts pâles, que nos lèvres
Déteintes en de folles fièvres,
Que nos yeux creux ne valent pas

Ton museau que ton nez termine,
Rose comme un bouton de sein,
Tes oreilles dont le dessin
Couronne fièrement ta mine.

Pourquoi cette sérénité?
Aurais-tu la clé des problèmes

Qui nous font, frissonnant et blêmes,
Passer le printemps et l'été ?

Devant la mort qui nous menace,
Chats et gens, ton flair, plus subtil
Que notre savoir, te dit-il
Où va la beauté qui s'efface,

Où va la pensée, où s'en vont
Les défuntes splendeurs charnelles
Chatte, détourne tes prunelles ;
J'y trouve trop de noir au fond.

Charles Cros – *Le Coffret de santal* (1873)

À mon chat

Mon chat, hôte sacré de ma vieille maison,
De ton dos électrique arrondis la souplesse,
Viens te pelotonner sur mes genoux, et laisse
Que je plonge mes doigts dans ta chaude toison.

Ferme à demi, les reins émus d'un long frisson ;
Ton œil vert qui me raille et pourtant me caresse,
Ton œil vert semé d'or, qui, chargé de paresse
M'observe d'ironique et bénigne façon.

Tu n'as jamais connu, philosophe, ô vieux frère,
La fidélité sotte et bruyante du chien :
Tu m'aimes cependant, et mon cœur le sent bien.

Ton amour clairvoyant, et peut-être éphémère,
Me plaît ; et je salue en toi, calme penseur,
Deux exquises vertus : scepticisme et douceur.

Jules Lemaître – *Les Médaillons* (1876-1879)

Chats de partout

Je suis le chat de cimetière,
De terrain vague et de gouttière,
De Haute-Égypte et du ruisseau
Je suis venu de saut en saut.

Je suis le chat qui se prélasse
À l'instant où le soleil passe,
Dans vos jardins et dans vos cours
Sans avoir patte de velours.

Je suis le chat de l'infortune,
Le trublion du clair de lune
Qui vous réveille dans la nuit
Au beau milieu de vos ennuis.

Je suis le chat des maléfices
Condamné par le Saint-Office ;
J'évoque la superstition
Qui cause vos malédictions.

Je suis le chat qui déambule
Dans vos couloirs de vestibules,
Et qui fait ses petits besoins
Sous la porte cochère du coin.

Je suis le félin bas de gamme,
La bonne action des vieilles dames
Qui me prodiguent le ron-ron
Sans souci du qu'en-dira-t-on.

Épargnez-moi par vos prières
Le châtiment de la fourrière
Où finissent vos émigrés
Sans demeure et sans pedigree.

Henry Monnier – *Les Poèmes du Chat Noir* (1881-1886)

CHAT M'ATTENDRIT

•

Mon petit chat

J'ai un petit chat,
Petit comme ça,
Je l'appelle Orange.

Je ne sais pourquoi
Jamais il ne mange
Ni souris ni rat.

C'est un chat étrange
Aimant le nougat
Et le chocolat.

Mais c'est pour cela,
Dit tante Solange
Qu'il ne grandit pas !

Maurice Carême – *La Lanterne magique* (1973)

Le petit chat

C'est un petit chat noir, effronté comme un page.
Je le laisse jouer sur ma table, souvent.
Quelquefois il s'assied sans faire de tapage ;
On dirait un joli presse-papier vivant.

Rien de lui, pas un poil de sa toison ne bouge.
Longtemps, il reste là, noir sur un feuillet blanc,
A ces matous, tirant leur langue de drap rouge,
Qu'on fait pour essuyer les plumes, ressemblant.

Quand il s'amuse, il est extrêmement comique,
Pataud et gracieux, tel un ourson drôlet.
Souvent je m'accroupis pour suivre sa mimique
Quand on met devant lui la soucoupe de lait.

Tout d'abord de son nez délicat il le flaire,
Le frôle ; puis, à coups de langue très petits,
Il le lampe ; et dès lors il est à son affaire ;
Et l'on entend, pendant qu'il boit, un clapotis.

Il boit, bougeant la queue et sans faire une pause,
Et ne relève enfin son joli museau plat
Que lorsqu'il a passé sa langue rêche et rose
Partout, bien proprement débarbouillé le plat.

Alors, il se pourlèche un moment les moustaches,
Avec l'air étonné d'avoir déjà fini ;
Et, comme il s'aperçoit qu'il s'est fait quelques taches,
Il relustre avec soin son pelage terni.

Ses yeux jaunes et bleus sont comme deux agates ;
Il les ferme à demi, parfois, en reniflant,
Se renverse, ayant pris son museau dans ses pattes,
Avec des airs de tigre étendu sur le flanc.

Mais le voilà qui sort de cette nonchalance,
Et, faisant le gros dos, il a l'air d'un manchon ;
Alors pour l'intriguer un peu, je lui balance,
Au bout d'une ficelle invisible un bouchon.

Il fuit en galopant et la mine effrayée,
Puis revient au bouchon, le regarde, et d'abord
Tient suspendue en l'air sa patte repliée,
Puis l'abat, et saisit le bouchon et le mord.

Je tire la ficelle, alors, sans qu'il le voie ;
Et le bouchon s'éloigne, et le chat noir le suit,
Faisant des ronds avec sa patte qu'il envoie,
Puis saute de côté, puis revient, puis refuit.

Mais dès que je lui dis : « Il faut que je travaille ;
Venez vous asseoir là, sans faire le méchant ! »
Il s'assied… Et j'entends, pendant que j'écrivaille,
Le petit bruit mouillé qu'il fait en se léchant.

Edmond Rostand – *Les Musardises* (1890)

Le lait des chats

Les chats trempent leur langue rose
Au bord des soucoupes de lait ;
Les yeux fixés sur le soufflet,
Le chien bâille en songeant, morose.

Et tandis qu'il songe et repose
Près de la flamme au chaud reflet,
Les chats trempent leur langue rose
Au bord des soucoupes de lait.

Dans le salon, seul le feu glose ;
Mère-grand dit son chapelet,
Suzanne dort sur un ourlet,
Et dans le lait, paupière close,
Les chats trempent leur langue rose.

Charles Guérin – *Joies grises* (1894)

Il a neigé

Il a neigé dans l'aube rose,
Si doucement neigé,
Que le chaton noir croit rêver.
C'est à peine s'il ose
Marcher.

Il a neigé dans l'aube rose,
Si doucement neigé,
Que les choses
Semblent avoir changé.

Et le chaton noir n'ose
S'aventurer dans le verger,
Se sentant soudain étranger
À cette blancheur où se posent,
Comme pour le narguer,
Des moineaux effrontés.

Maurice Carême – *La Lanterne magique* (1973)

CHAT M'ÉMEUT

•

Le chat

Sous les verts peupliers, là-bas, près du lavoir,
À l'heure où les troupeaux viennent à l'abreuvoir,
Un soir, tout en suivant le vol de deux mésanges,
J'entendis, soudain, des miaulements étranges;
Et, m'étant approché, je vis, dans le ruisseau,
Un pauvre petit chat, la tête hors de l'eau,
Qui se balançait, tel que font les acrobates,
En se cramponnant aux roseaux avec ses pattes.
Le rapide courant, l'entraînait, loin du bord,
Il miaulait, luttant dans un suprême effort,
Lorsque, je m'élançai, soudain, parmi les saules,
Dont les branches frôlaient ma tête et mes épaules,
Et puis, l'ayant saisi, je l'emportai, glacé,
Le corps tout frissonnant et le poil hérissé…
Or, depuis ce temps-là, je l'aime avec tendresse,
Il dort dans mon fauteuil, ronronne, me caresse;
De la cave au grenier, il connaît ma maison,

Et quand revient l'hiver, la morose saison,
Je vois briller, la nuit, dans mon alcôve sombre,
Ses yeux phosphorescents qui me fixent, dans l'ombre.

Auguste Gaud – *Au pays natal : idylles et poèmes* (1893)

Berceuse

Endormons-nous, petit chat noir.
Voici que j'ai mis l'éteignoir
Sur la chandelle.
Tu vas penser à des oiseaux
Sous bois, à de félins museaux…
Moi rêver d'Elle.

Nous n'avons pas pris de café,
Et, dans notre lit bien chauffé
(Qui veille pleure.)
Nous dormirons, pattes dans bras.
Pendant que tu ronronneras,
J'oublierai l'heure.

Sous tes yeux fins, appesantis,
Reluiront les oaristys
De la gouttière.

Comme chaque nuit, je croirai
La voir, qui froide a déchiré
Ma vie entière.

Et ton cauchemar sur les toits
Te dira l'horreur d'être trois
Dans une idylle.
Je subirai les yeux railleurs
De son faux cousin, et ses pleurs
De crocodile.

Si tu t'éveilles en sursaut
Griffé, mordu, tombant du haut
Du toit, moi-même
Je mourrai sous le coup félon
D'une épée au bout du bras long
Du fat qu'elle aime.

Puis, hors du lit, au matin gris,
Nous chercherons, toi, des souris
Moi, des liquides
Qui nous fassent oublier tout,
Car, au fond, l'homme et le matou
Sont bien stupides.

Charles Cros – *Le Coffret de santal* (1873)

CHAT M'AMUSE

•

Le chat qui ne ressemblait à rien

Le chat qui ne ressemble à rien
Aujourd'hui ne va pas très bien.

Il va visiter le Docteur
Qui lui ausculte le cœur.

Votre cœur ne va pas bien
Il ne ressemble à rien,

Il n'a pas son pareil
De Paris à Créteil.

Il va visiter sa demoiselle
Qui lui regarde la cervelle.

Votre cervelle ne va pas bien
Elle ne ressemble à rien,

Elle n'a pas son contraire
À la surface de la terre.

Voilà pourquoi le chat qui ne ressemble à rien
Est triste aujourd'hui et ne va pas bien.

Robert Desnos – *Destinée arbitraire* (1975)

Bleu et blanc

Un petit chat bleu
Semé de pois blancs
Vit un gros rat blanc
Semé de pois bleus.

Leurs mignonnes queues
Différaient de peu.

Oui, mais seulement
Le nez du chat bleu
Était tout tout blanc,
Le nez du rat blanc
Était tout tout bleu.

Leurs joues et leurs yeux
Différaient de peu.

Oui, mais seulement
Un cil du chat bleu
Était tout tout blanc,

Un cil du rat blanc
Était tout tout bleu.

A cause de ce peu,
De ce tout petit peu
De blanc et de bleu,
Ils continuèrent
À se faire la guerre.

Maurice Carême – *La Cage aux grillons*

Bêtisette

Coccinelle à sept points,
Si tu te portes bien,
Va dire à la sorcière
Qui déjeune à Bruxelles
De venin de vipère
Et d'yeux de sauterelles,
Que son petit chat gris
S'est enfui à Paris.
Qui le retrouvera
Le lui rapportera,
Mais il faut qu'elle cède,
En échange du chat,

Le vieux balai qui l'aide
À partir au sabbat.

Maurice Carême – *La Lanterne magique* (1973)

Chat vit rôt

Chat vit rôt, chat vit rôt,
Chat mit patte à rôt
Rôt brûla patte à chat
Patte à chat quitta rôt
Maudit rôt, maudit rôt
Dit chat qui vit rôt

Chat l'y prit

Latte ôtée,
mur gâté,
trou s'y fit,
rat s'y mit,
chat l'y vit,
chat l'y prit!

Le chat de Natacha

Natacha n'attacha
Pas son chat
Son chat Pacha qui s'échappa
Pacha fâcha Natacha
Pacha son chat si sage
Son chat si chou !
Cherche mon chat
Sacha !
Dit Natacha.
Sacha dit oui
Encore faut-il
Que je sache où

Un petit chat blanc

Un petit chat blanc
Qui faisait semblant
D'avoir mal aux dents
Disait en miaulant :

« Souris mon amie
J'ai bien du souci.
Le docteur m'a dit :
Tu seras guéri

Si entre tes dents
Tu mets un moment,
Délicatement,
La queue d'une souris. »

Très obligeamment
Souris bonne enfant
S'approcha du chat
Qui se la mangea.

Moralité :
Les bons sentiments
Ont l'inconvénient
D'amener souvent
De graves ennuis
Aux petits enfants
Comme-z-aux souris.

Claude Roy – *Enfantasques* (1974)

Dieu fait les questions pour que l'enfant réponde

« Les deux bêtes les plus gracieuses du monde,
Le chat et la souris, se haïssent. Pourquoi ?
Explique-moi cela, Jeanne. » Non sans effroi
Devant l'énormité de l'ombre et du mystère,
Jeanne se mit à rire. « Eh bien ? – Petit grand-père,
Je ne sais pas. jouons. » Et Jeanne repartit :
« Vois-tu, le chat c'est gros, la souris c'est petit.
– Eh bien ? » Et Jeanne alors, en se grattant la tête,
Reprit : « Si la souris était la grosse bête,
À moins que le bon Dieu là-haut ne se fâchât,
Ce serait la souris qui mangerait le chat. »

Victor Hugo – *La Légende des siècles* (1859)

REQUIES CHAT IN PACE

À la mémoire d'une chatte naine que j'avais

Ô mon beau chat frileux, quand l'automne morose
Faisait glapir plus fort les mômes dans les cours,
Combien passâmes-nous de ces spleeniques jours
À rêver face à face en ma chambre bien close.

Lissant ton poil soyeux de ta langue âpre et rose
Trop grave pour les jeux d'autrefois et les tours,
Lentement tu venais de ton pas de velours
Devant moi t'allonger en quelque noble pose.

Et je songeais, perdu dans tes prunelles d'or
– Il ne soupçonne rien, non, du globe stupide
Qui l'emporte avec moi tout au travers du Vide,

Rien des Astres loïntains, des Dieux ni de la Mort ?
Pourtant !… quels yeux profonds !… parfois… il m'intimide
Saurait-il donc le mot ? – Non, c'est le Sphinx encor.

Jules Laforgue – *Le Sanglot de la Terre* (1901)

Sonnet à Ménine

Ménine aux yeux dorés, au poil doux, gris et fin,
La charmante Ménine, unique en son espèce;
Ménine, les amours d'une illustre Duchesse
Et dont plus d'un mortel enviait le destin.

Ménine, qui jamais ne connut de Ménin,
Et qui fut de son temps des chattes de Lucrèce
Chatte pour tout le monde, et pour les chats
tigresse:
Au milieu de ses jours en a trouvé la fin.

Que lui sert, maintenant, que dédaigneuse et fière
Jamais d'aucun Matou, sur aucune gouttière,
Elle n'ait écouté les amoureux regrets!

La Parque étend ses droits sur tout ce qui respire
Et de ne rien aimer tout le fruit qu'on retire,
C'est une triste vie, et puis la mort après.

Joachim du Bellay – *Les Regrets* (1558)

Épitaphe d'un chat

Maintenant le vivre me fâche;
Et afin, Magny, que tu saches,
Pourquoi je suis tant éperdu,

Ce n'est pas pour avoir perdu
Mes anneaux, mon argent, ma bourse ;
Et pourquoi est-ce donques ? pour ce
Que j'ai perdu depuis trois jours
Mon bien, mon plaisir, mes amours.
Et quoi ? ô souvenance grève !
À peu que le cœur ne me crève,
Quand j'en parle, ou quand j'en écris :
C'est Belaud mon petit Chat gris :
Belaud, qui fut par aventure
Le plus bel œuvre que Nature
Fit onc en matière de Chats :
C'était Belaud la mort aux Rats,
Belaud, dont la beauté fut telle,
Qu'elle est digne d'être immortelle [...].

Mon Dieu ! quel passe-temps c'était
Quand ce Belaud virevoltait,
Folâtre autour d'une pelote !
Quel plaisir, quand sa tête sotte
Suivant sa queue en mille tours,
D'un rouet imitait le cours !
Ou quand, assis sur le derrière
Il s'en faisait une jartière ;
Et montrant l'estomac velu,

De panne blanche crêpelu,
Semblait, tant sa trogne était bonne,
Quelque Docteur de la Sorbonne !
Ou quand, alors qu'on l'animait,
À coups de patte il escrimait,
Et puis apaisait sa colère,
Tout soudain qu'on lui faisait chère.

Voilà, Magny, les passe-temps,
Où Belaud employait son temps ;
N'est-il pas bien à plaindre donques ?
Au demeurant tu ne vis onques
Chat plus adroit, ni mieux appris
À combattre rats & souris.
Belaud savait mille manières
De les surprendre en leurs tanières,
Et lors leur fallait bien trouver
Plus d'un pertuis, pour se sauver […]

Belaud n'était point mal-plaisant :
Belaud n'était point malfaisant ;
Et ne fit onq' plus grand dommage
Que de manger un vieux fromage,
Une linotte, & un pinson
Qui le fâchaient de leur chanson ;

Mais quoi, Magny, nous-mêmes hommes
Parfaits de tous points nous ne sommes.

Belaud n'était point de ces chats
Qui nuit & jour vont au pourchas,
N'ayant souci que de leur panse :
Il ne faisait si grand dépense,
Mais était sobre à son repas,
Et ne mangeait que par compas.
Aussi n'était-ce sa nature
De faire partout son ordure,
Comme un tas de chats, qui ne font
Que gâter tout par où ils vont.
Car Belaud, la gentille bête,
Si de quelque acte moins qu'honnête
Contraint possible il eût été,
Avait bien cette honnêteté
De cacher dessous de la cendre
Ce qu'il était contraint de rendre.

Belaud me servait de jouet :
Belaud ne filait au rouet,
Grommelant une litanie
De longue & fâcheuse harmonie ;
Ains se plaignait mignardement
D'un enfantin miaulement.

Belaud (que j'aie souvenance)
Ne me fit onq' plus grand' offense
Que de me réveiller la nuit,
Quand il entroyait quelque bruit
De rats qui rongeaient ma paillasse :
Car lors il leur donnait la chasse,
Et si dextrement les happait,
Que jamais un n'en échappait.
Mais, las ! depuis que cette fière
Tua de sa dextre meurtrière
La sûre garde de mon corps,
Plus en sureté je ne dors ;
Et or', ô douleurs non pareilles !
Les rats me mangent les oreilles ;
Même tous les vers que j'écris,
Sont rongés de rats & souris.

Vraiment les Dieux sont pitoyables
Aux pauvres humains misérables,
Toujours leur annonçant leurs maux,
Soit par la mort des animaux,
Ou soit par quelque autre présage,
Des Cieux le plus certain message.
Le jour que la sœur de Cloton
Ravit mon petit Peloton,

Je dis, j'en ai bien souvenance,
Que quelque maligne influence
Menaçait mon chef de là-haut ;
Et c'était la mort de Belaud :
Car quelle plus grande tempête
Me pouvait foudroyer la tête !

Belaud était mon cher mignon ;
Belaud était mon compagnon
À la chambre, au lit, à la table ;
Belaud était plus accointable
Que n'est un petit Chien friand,
Et de nuit n'allait point criant
Comme ces gros marcoux terribles
En longs miaulements horribles [...].

Que plût à Dieu, petit Belon,
Que j'eusse l'esprit assez bon,
De pouvoir en quelque beau style
Blasonner ta grâce gentille,
D'un vers aussi mignard que toi !
Belaud, je te promets ma foi,
Que tu vivrais, tant que sur terre
Les Chats aux Rats feront la guerre.

Joachim du Bellay – *Les Regrets* (1558)

Plainte sur la mort d'une chatte

C'est grand dommage que ma chatte
Aille au pays des trépassés :
Pour se garantir de sa patte,
Jamais rat ne courut assez.

Elle fut matrone romaine,
Et fille de nobles aïeux.
Mon laquais la prit sans mitaine
Près du temple de tous les dicux.

J'aurai toujours dans la mémoire
Cette peluche blanche et noire
Qui la fit admirer de tous.

Dame Cloton l'a maltraitée,
Pour plaire aux Souris de chez nous,
Qui l'en avoient sollicitée.

François Mainard – *Œuvres poétiques* (1613)

CHATS À FABLES

•

La Chatte métamorphosée en femme

Un homme chérissait éperdument sa Chatte ;
Il la trouvait mignonne, et belle, et délicate,
Qui miaulait d'un ton fort doux.
Il était plus fou que les fous.
Cet Homme donc, par prières, par larmes,
Par sortilèges et par charmes,
Fait tant qu'il obtient du destin
Que sa Chatte, en un beau matin,
Devient femme ; et le matin même,
Maître sot en fait sa moitié.
Le voilà fou d'amour extrême,
De fou qu'il était d'amitié.
Jamais la Dame la plus belle
Ne charma tant son Favori
Que fait cette épouse nouvelle
Son hypocondre de mari.
Il l'amadoue, elle le flatte ;
Il n'y trouve plus rien de Chatte,
Et poussant l'erreur jusqu'au bout,

La croit femme en tout et partout,
Lorsque quelques Souris qui rongeaient de la natte
Troublèrent le plaisir des nouveaux mariés.
Aussitôt la femme est sur pieds :
Elle manqua son aventure.
Souris de revenir, femme d'être en posture.
Pour cette fois elle accourut à point :
Car ayant changé de figure,
Les souris ne la craignaient point.
Ce lui fut toujours une amorce,
Tant le naturel a de force.
Il se moque de tout, certain âge accompli :
Le vase est imbibé, l'étoffe a pris son pli.
En vain de son train ordinaire
On le veut désaccoutumer.
Quelque chose qu'on puisse faire,
On ne saurait le réformer.
Coups de fourche ni d'étrivières
Ne lui font changer de manières ;
Et, fussiez-vous embâtonnés,
Jamais vous n'en serez les maîtres.
Qu'on lui ferme la porte au nez,
Il reviendra par les fenêtres.

Jean de La Fontaine – *Fable 18 – Livre II* (1668)

Le Chat et un vieux Rat

J'ai lu chez un conteur de Fables,
Qu'un second Rodilard, l'Alexandre des Chats,
L'Attila, le fléau des Rats,
Rendait ces derniers misérables.
J'ai lu, dis-je, en certain Auteur,
Que ce Chat exterminateur,
Vrai Cerbère, était craint une lieue à la ronde ;
Il voulait de Souris dépeupler tout le monde.
Les planches qu'on suspend sur un léger appui,
La mort-aux-Rats, les Souricières,
N'étaient que jeux au prix de lui.
Comme il voit que dans leurs tanières
Les Souris étaient prisonnières,
Qu'elles n'osaient sortir, qu'il avait beau chercher,
Le galant fait le mort, et du haut d'un plancher
Se pend la tête en bas ; la bête scélérate
A de certains cordons se tenait par la patte.
Le peuple des Souris croit que c'est châtiment,
Qu'il a fait un larcin de rôt ou de fromage,
Égratigné quelqu'un, causé quelque dommage ;
Enfin qu'on a pendu le mauvais garnement.
Toutes, dis-je, unanimement
Se promettent de rire à son enterrement,

Mettent le nez à l'air, montrent un peu la tête,
Puis rentrent dans leurs nids à rats,
Puis, ressortant, font quatre pas,
Puis enfin se mettent en quête.
Mais voici bien une autre fête :
Le pendu ressuscite ; et sur ses pieds tombant,
Attrape les plus paresseuses.
« Nous en savons plus d'un, dit-il en les gobant :
C'est tour de vieille guerre ; et vos cavernes creuses
Ne vous sauveront pas, je vous en avertis :
Vous viendrez toutes au logis. »
Il prophétisait vrai : notre maître Mitis
Pour la seconde fois les trompe et les affine,
Blanchit sa robe et s'enfarine ;
Et de la sorte déguisé,
Se niche et se blottit dans une huche ouverte.
Ce fut à lui bien avisé :
La gent trotte-menu s'en vient chercher sa perte.
Un Rat, sans plus, s'abstient d'aller flairer autour :
C'était un vieux routier, il savait plus d'un tour ;
Même il avait perdu sa queue à la bataille.
« Ce bloc enfariné ne me dit rien qui vaille,
S'écria-t-il de loin au Général des Chats :
Je soupçonne dessous encor quelque machine.
Rien ne te sert d'être farine ;

Car, quand tu serais sac, je n'approcherais pas. »
C'était bien dit à lui ; j'approuve sa prudence.
Il était expérimenté,
Et savait que la méfiance
Est mère de la sûreté.

Jean de La Fontaine – *Fable 18 – Livre III* (1668)

Le Cochet, le Chat, et le Souriceau

Un Souriceau tout jeune, et qui n'avait rien vu,
Fut presque pris au dépourvu.
Voici comme il conta l'aventure à sa mère :
« J'avais franchi les Monts qui bornent cet État,
Et trottais comme un jeune Rat
Qui cherche à se donner carrière,
Lorsque deux animaux m'ont arrêté les yeux :
L'un doux, bénin, et gracieux,
Et l'autre turbulent et plein d'inquiétude.
Il a la voix perçante et rude,
Sur la tête un morceau de chair,
Une sorte de bras dont il s'élève en l'air
Comme pour prendre sa volée,
La queue en panache étalée. »
Or c'était un Cochet dont notre Souriceau
Fit à sa mère le tableau,

Comme d'un animal venu de l'Amérique.
« Il se battait, dit-il, les flancs avec ses bras,
Faisant tel bruit et tel fracas,
Que moi, qui grâce aux Dieux, de courage me pique,
En ai pris la fuite de peur,
Le maudissant de très bon cœur.
Sans lui j'aurais fait connaissance
Avec cet animal qui m'a semblé si doux.
Il est velouté comme nous,
Marqueté, longue queue, une humble contenance ;
Un modeste regard, et pourtant l'œil luisant.
Je le crois fort sympathisant
Avec Messieurs les Rats ; car il a des oreilles
En figure aux nôtres pareilles.
Je l'allais aborder, quand d'un son plein d'éclat
L'autre m'a fait prendre la fuite.
— Mon fils, dit la Souris, ce doucet est un Chat,
Qui sous son minois hypocrite,
Contre toute ta parenté
D'un malin vouloir est porté.
L'autre animal, tout au contraire,
Bien éloigné de nous mal faire,
Servira quelque jour peut-être à nos repas.
Quant au Chat, c'est sur nous qu'il fonde sa cuisine.

Garde-toi, tant que tu vivras,
De juger des gens sur la mine. »

Jean de La Fontaine – *Fable 5 – Livre VI* (1668)

Le Chat, la Belette, et le petit Lapin

Du palais d'un jeune Lapin
Dame Belette, un beau matin,
S'empara : c'est une rusée.
Le Maître étant absent, ce lui fut chose aisée.
Elle porta chez lui ses pénates, un jour
Qu'il était allé faire à l'Aurore sa cour
Parmi le thym et la rosée.
Après qu'il eut brouté, trotté, fait tous ses tours,
Janot Lapin retourne aux souterrains séjours.
La Belette avait mis le nez à la fenêtre.
« Ô Dieux hospitaliers ! que vois-je ici paraître ?
Dit l'animal chassé du paternel logis.
Ô là, Madame la Belette,
Que l'on déloge sans trompette,
Ou je vais avertir tous les rats du pays. »
La Dame au nez pointu répondit que la terre
Était au premier occupant.
« C'était un beau sujet de guerre
Qu'un logis où lui-même il n'entrait qu'en rampant !

Et quand ce serait un Royaume,
Je voudrais bien savoir, dit-elle, quelle loi
En a pour toujours fait l'octroi
À Jean, fils ou neveu de Pierre ou de Guillaume,
Plutôt qu'à Paul, plutôt qu'à moi. »
Jean Lapin allégua la coutume et l'usage.
Ce sont, dit-il, leurs lois qui m'ont de ce logis
Rendu maître et seigneur, et qui, de père en fils,
L'ont de Pierre à Simon, puis à moi Jean, transmis.
« Le premier occupant, est-ce une loi plus sage?
– Or bien, sans crier davantage,
Rapportons-nous, dit-elle, à Raminagrobis. »
C'était un chat vivant comme un dévot ermite,
Un chat faisant la chattemite,
Un saint homme de chat, bien fourré gros et gras,
Arbitre expert sur tous les cas.
Jean Lapin pour juge l'agrée.
Les voilà tous deux arrivés
Devant sa majesté fourrée.
Grippeminaud leur dit: « Mes enfants, approchez,
Approchez; je suis sourd, les ans en sont la cause. »
L'un et l'autre approcha, ne craignant nulle chose.
Aussitôt qu'à portée il vit les contestants,
Grippeminaud, le bon apôtre,
Jetant des deux côtés la griffe en même temps,

Mit les plaideurs d'accord en croquant l'un et
l'autre.
Ceci ressemble fort aux débats qu'ont parfois
Les petits souverains se rapportant aux Rois.

Jean de La Fontaine – *Fable 16 – Livre VII* (1679)

Le Singe et le Chat

Bertrand avec Raton, l'un Singe et l'autre Chat,
Commensaux d'un logis, avaient un commun Maître.
D'animaux malfaisants c'était un très bon plat;
Ils n'y craignaient tous deux aucun, quel qu'il pût être.
Trouvait-on quelque chose au logis de gâté,
L'on ne s'en prenait point aux gens du voisinage:
Bertrand dérobait tout; Raton, de son côté,
Était moins attentif aux souris qu'au fromage.
Un jour, au coin du feu, nos deux maîtres fripons
Regardaient rôtir des marrons.
Les escroquer était une très bonne affaire:
Nos galands y voyaient double profit à faire,
Leur bien premièrement, et puis le mal d'autrui.
Bertrand dit à Raton: « Frère, il faut aujourd'hui
Que tu fasses un coup de maître;
Tire-moi ces marrons. Si Dieu m'avait fait naître
Propre à tirer marrons du feu,

Certes marrons verraient beau jeu. »
Aussitôt fait que dit : Raton, avec sa patte,
D'une manière délicate,
Écarte un peu la cendre, et retire les doigts,
Puis les reporte à plusieurs fois ;
Tire un marron, puis deux, et puis trois en escroque,
Et cependant Bertrand les croque.
Une servante vient : adieu mes gens. Raton
N'était pas content, ce dit-on.
Aussi ne le sont pas la plupart de ces Princes
Qui, flattés d'un pareil emploi,
Vont s'échauder en des Provinces
Pour le profit de quelque Roi.

Jean de La Fontaine – *Fable 17 – Livre IX* (1668)

Le chat et le miroir

Philosophes hardis, qui passez votre vie
À vouloir expliquer ce qu'on n'explique pas,
Daignez écouter, je vous prie,
Ce trait du plus sage des chats.
Sur une table de toilette
Ce chat aperçut un miroir ;
Il y saute, regarde, et d'abord pense voir
Un de ses frères qui le guette.

Notre chat veut le joindre, il se trouve arrêté.
Surpris, il juge alors la glace transparente,
Et passe de l'autre côté,
Ne trouve rien, revient, et le chat se présente.
Il réfléchit un peu : de peur que l'animal,
Tandis qu'il fait le tour, ne sorte,
Sur le haut du miroir il se met à cheval,
Deux pattes par ici, deux par là ; de la sorte
Partout il pourra le saisir.
Alors, croyant bien le tenir,
Doucement vers la glace il incline la tête,
Aperçoit une oreille, et puis deux… à l'instant,
A droite, à gauche il va jetant
Sa griffe qu'il tient toute prête :
Mais il perd l'équilibre, il tombe et n'a rien pris.
Alors, sans davantage attendre,
Sans chercher plus longtemps ce qu'il ne peut comprendre,
Il laisse le miroir et retourne aux souris :
Que m'importe, dit-il, de percer ce mystère ?
Une chose que notre esprit,
Après un long travail, n'entend ni ne saisit,
Ne nous est jamais nécessaire.

Jean-Pierre Claris de Florian – *Fables* – *Fable VI* (1793)

Le chien et le chat

Un chien vendu par son maître
Brisa sa chaîne, et revint
Au logis qui le vit naître.
Jugez de ce qu'il devint
Lorsque, pour prix de son zèle,
Il fut de cette maison
Reconduit par le bâton
Vers sa demeure nouvelle.
Un vieux chat, son compagnon,
Voyant sa surprise extrême,
En passant lui dit ce mot :
Tu croyais donc, pauvre sot,
Que c'est pour nous qu'on nous aime !

Jean-Pierre Claris de Florian – *Fables – Fable IX* (1793)

Le renard et le chat

[…] Le renard et le chat faisant voyage ensemble,
Par maints discours moreaux abrégeoient le chemin.
Qu'il est beau d'être juste ! Ami, que vous en
semble ?
Bien pensé, mon compere : et puis discours sans fin.
Sur leur morale saine éloge réciproque ;

Quand à leurs yeux, maître loup sort d'un bois.
Il fond sur un troupeau, prend un mouton, le croque
Malgré les cris et les abois.
Ô, s'écria le chat, ô l'action injuste!
Pourquoi devore-t-il ce paisible mouton?
Que ne broutoit-il quelque arbuste?
Que ne vit-il de gland, le perfide glouton?
Le renard rencherit contre la barbarie;
Qu'avoit fait le mouton pour perdre ainsi la vie?
Et pourquoi le loup ravissant
Ne vivoit-il pas d'industrie,
Sans verser le sang innocent?
Leur zèle s'échauffoit, quand près d'une chaumine
Arrivent nos scandalizés.
Une poule de bonne mine
Du vieux docteur renard frappe les yeux rusés.
Plus de morale; il court, vous l'attrape et la mange:
Tandis qu'un rat qui sortoit d'une grange,
Assouvit aussitôt la faim
Du chat, qui jusques-là s'étoit crû plus humain.
Non loin de là, demoiselle araignée,
Qui de sa toile vit le coup,
Raisonnoit d'eux, comme ils faisoient du loup:
Une mouche à son tour n'en fut pas épargnée.

Nous voilà bien. Souvent nous condamnons autrui.
Que l'occasion s'offre ; en fait-on moins que lui ?

Antoine Houdar de La Motte – *Fables* (1719)

La chatte et ses petits

Une chatte encor du bel âge,
Coquette de profession,
Pour vivre libre et sans soins de ménage
Mît ses enfants en pension.
L'un chez Ratapon, chat sauvage,
Et l'autre chez Mitis bourgeois du voisinage,
Remettant à leurs soins cette éducation.
Adieu, mes amis, mes compères ;
Et vous, adieu mes fils, soyez honnêtes gens ;
Regardez ces messieurs en pères ;
Et vous, traitez-les en enfants.
Ils se quittent ; l'aîné suit le matou champêtre ;
En quelques mois il devient grand chasseur ;
Vit de lapins qu'il prend en traître ;
Se bat souvent, est toujours l'agresseur ;
Prend enfin toute la noirceur
Et la cruauté de son maître.
Le cadet suit Mitis qui va le présenter
Du même pas à son hôtesse ;

La suppliant que de grâce elle laisse
Le petit chat sous ses toits habiter :
Des yeux il semble lui promettre
Qu'on la servira bien et qu'on vivra de peu.
Qu'il reste, dit l'hôtesse ; il n'en faudra pas mettre,
Je pense, plus grand pot au feu.

En moins de rien le petit chat imite
Les manières du grand, ses caresses, ses tours,
Et mieux encor s'en acquitte,
Saute, fait l'arlequin, fait patte de velours ;
Caprices que son âge assaisonne toujours.
Il se rend si joli qu'on quitte
Le grand pour le petit ; c'est donc le chat gâté ;
Il est en pays de cocagne,
N'a que deux soins, paresse et volupté ;
Mange à table, couche à côté
De sa maîtresse en guise de compagne,
Et quand en vagabond, l'autre court la campagne,
Le cadet s'accoquine à son oisiveté.
La mère chatte enfin lasse de ses tournées
Redemande ses fils et les reprend chez soi.
Ça, leur dit-elle, en mes vieilles années,
J'ai bien compté sur vous ; ayez grand soin de moi.
Soyez mon bâton de vieillesse ;

La pauvre mère ! Elle avait mal compté ;
L'un lui manque par sa paresse,
Et l'autre par sa dureté.
En vain elle se plaint, elle gronde, menace,
L'aîné la bat, cadet n'en travaille pas mieux.
Elle languit, succombe, et maudissant sa race,
De chagrin et de faim s'en va voir ses aïeux.

Voilà ce que je devais craindre,
Mes enfants, leur dit-elle, au moment du trépas,
Je vous ai négligé ; quand je vous trouve ingrats,
C'est de moi que je dois me plaindre.

Antoine Houdar de La Motte – *Fables* (1719)

CHAT VA BIEN

•

La chatte noire

Dans le moulin de Roupeyrac,
Se tient assise sur son sac
Une chatte couleur d'ébène ;
Il est bien certain qu'elle dort :
Ses yeux ne sont que deux fils d'or
Et ses griffes sont dans leur gaine.

Pourtant, ne vous y fiez pas
Et trottinez un peu plus bas,
Rats qui courent par les trémies,
Si vous ne voulez, tout à coup,
Sentir entrer dans votre cou
Toutes ces griffes endormies.

Gardez-vous de donner l'assaut
Au grain qui dort dans le boisseau !
Car, si la Noire se réveille,
Demain, en sacrant, le meunier
Trouvera rouge, au farinier,
La farine blanche la veille.

Soyez discrets, soyez prudents !
N'allez pas aiguiser vos dents
Sur le sac où dort l'assassine,
Car elle bondirait soudain,
Et vous lui crieriez, bien en vain :
« Cousine ! cousine ! oh ! cousine !... »

⁂

[...] Près du moulin, dans le verger,
Au soleil, on voit s'allonger
Une chatte couleur d'ébène ;
Il est bien certain qu'elle dort :
Ses yeux ne sont que deux fils d'or.
Et ses griffes sont dans leur gaine.

Pourtant, ne vous y fiez pas
Et voletez un peu moins bas,
Moineaux, pillards de chènevière !
En s'éveillant, elle pourrait,
Pour se dégourdir le jarret,
Vous faire mordre la poussière.

Chardonnerets au beau pourpoint,
Dans ce verger ne nichez point ;
Ô roitelets, ô rouges-gorges,

Pinsons, hôtes du vieux poirier,
Écoutez donc!… j'entends crier
Des oisillons que l'on égorge…

C'est bien la chatte noire, hélas!
Elle rôdait par les lilas,
Ainsi qu'un tigre dans les jungles,
Et, flairant quelque fin souper,
Jusqu'au nid elle a dû grimper.
Gare à ses dents! Gare à ses ongles!

⁂

Sous le moulin, dans le ruisseau,
Se tient, assise au bord de l'eau,
Une chatte couleur d'ébène;
Il est bien certain qu'elle dort:
Ses yeux ne sont que deux fils d'or
Et ses griffes sont dans leur gaine.

Pourtant, ne vous y fiez pas,
Et gardez-vous, dans vos ébats,
De trop approcher de la rive,
Goujons dorés et bleus barbeaux,
Si vous ne voulez, dans le dos,
Sentir une griffe furtive!

Certes, elle n'aime pas le bain,
La chatte noire ! mais enfin,
Pour y harponner une truite,
Elle se risque quelquefois
À se mouiller un peu les doigts,
Comme le diable en l'eau bénite.

Et puis, son nez rose paraît
Plus rose encore, et l'on dirait
Une bouche de jeune fille,
Lorsque d'un beau poisson tremblant,
Qu'elle dévore en grommelant,
La queue à sa lèvre frétille.

⁂

À Roupeyrac, dans le bois noir,
On voit souvent glisser, le soir,
Une chatte couleur d'ébène ;
Elle passe, ouvrant ses yeux d'or,
Aussi discrète que la mort,
Aussi farouche, aussi soudaine.

En face du chasseur transi,
Elle vient à l'affût aussi.
Dans l'herbe, où sa robe se mouille,

Elle fait face au braconnier
Et bien souvent c'est ce dernier
Qui de la forêt sort bredouille.

Ainsi, garde à vous, lapereaux
À peine aussi rusés que gros !
La chatte noire a, sur la paille,
Des nourrissons, vrais chenapans
Qui pourraient bien, à vos dépens,
Demain matin faire ripaille ;

Puis, pour leurs jeux extravagants,
Dans votre peau tailler des gants
Ou traîner leur immense proie
Tout un jour par le corridor :
Tel Achille traînant Hector
Autour des murailles de Troie !

⁂

Il est minuit, la ferme dort.
Seule, ouvrant ses deux grands yeux d'or,
Près du foyer, la chatte veille
Et songe, en passant proprement
Sa patte alternativement
Derrière l'une et l'autre oreille.

Parfois elle s'arrête un peu,
Pour regarder du chêne en feu
S'enfuir des groupes d'étincelles,
Ou pour écouter la chanson
Du gaz qui filtre du tison,
Et qu'elle prend pour un bruit d'ailes.

D'ailleurs, Milord, le chien d'arrêt,
Qui rêve aussi de la forêt,
Glapit à l'autre coin de l'âtre ;
Et la chatte, l'air anxieux,
Ne ferme qu'à moitié les yeux
Et se tient prête à le combattre.

Mais voilà que ses nourrissons
Accourent… Des doigts polissons
Peignent sa queue électrisée.
Elle avertit les imprudents,
Puis gronde, puis montre les dents,
Puis rugit, en mère offensée ;

Enfin, après un vif juron,
Elle leur distribue en rond
Quatre ou cinq gifles maternelles,
Et, le silence étant complet,

Leur tend ses flancs chargés de lait,
En refermant ses deux prunelles.

François Fabié – *La Poésie des bêtes* (1879)

Les chats

Le jeune philosophe et la vieille portière
Aiment le chat câlin, pudibond et méchant
Qui vers le pot au lait, tout en se pourléchant,
Descend à pas comptés le long de sa gouttière.

Les plus doux oreillers lui servent de litière,
Fourré, poltron, gourmand grassouillet,
pleurnichant,
L'animal paresseux fait gros dos en marchant
Et patte de velours pendant sa vie entière.

La robuste fermière et le rude fermier
Aiment aussi leurs chats, troupeau maigre et farouche
Qui court le long des murs, des souris dans la bouche,

Ils aiment leur matou qui descend du grenier
Pour étrangler les rats qui grouillent dans la grange
Et qui, si ses petits sont trop nombreux, les mange.

Gustave Le Vavasseur – *Études d'après nature – Les animaux* (1863)

Plainte d'automne

Depuis que Maria m'a quitté pour aller dans une autre étoile – laquelle, Orion, Altaïr, et toi, verte Vénus ? – j'ai toujours chéri la solitude. Que de longues journées j'ai passées seul avec mon chat. Par seul, j'entends sans un être matériel et mon chat est un compagnon mystique, un esprit. Je puis donc dire que j'ai passé de longues journées seul avec mon chat, et seul, avec un des derniers auteurs de la décadence latine ; car depuis que la blanche créature n'est plus, étrangement et singulièrement j'ai aimé tout ce qui se résumait en ce mot : chute.

Stéphane Mallarmé – *Poèmes en prose* (1875)

Chat

Pour ne poser qu'un doigt dessus
Le chat est bien trop grosse bête.
Sa queue rejoint sa tête,
Il tourne dans ce cercle
Et se répond à la caresse.

Mais, la nuit l'homme voit ses yeux
Dont la pâleur est le seul don.

Ils sont trop gros pour qu'il les cache
Et trop lourds pour le vent perdu du rêve.

Quand le chat danse
C'est pour isoler sa prison
Et quand il pense
C'est jusqu'aux murs de ses yeux.

Paul Éluard – *Les animaux et leurs hommes, les hommes et leurs animaux* (1920)

Le chat et l'oiseau

Un village écoute désolé
Le chant d'un oiseau blessé
C'est le seul oiseau du village
Et c'est le seul chat du village
Qui l'a à moitié dévoré
Et l'oiseau cesse de chanter
Le chat cesse de ronronner
Et de se lécher le museau
Et le village fait à l'oiseau
De merveilleuses funérailles
Et le chat qui est invité
Marche derrière le petit cercueil de paille
Où l'oiseau mort est allongé

Porté par une petite fille
Qui n'arrête pas de pleurer
Si j'avais su que cela te fasse tant de peine
Lui dit le chat
Je l'aurais mangé tout entier
Et puis je t'aurais raconté
Que je l'avais vu s'envoler
S'envoler jusqu'au bout du monde
Là-bas c'est tellement loin
Que jamais on n'en revient
Tu aurais eu moins de chagrin
Simplement de la tristesse et des regrets

Il ne faut jamais faire les choses à moitié

Jacques Prévert – *Histoires et d'autres histoires* (1946)

Les embarras de Paris

Qui frappe l'air, bon Dieu ! de ces lugubres cris ?
Est-ce donc pour veiller qu'on se couche à Paris ?
Et quel fâcheux démon, durant les nuits entières,
Rassemble ici les chats de toutes les gouttières ?
J'ai beau sauter du lit, plein de trouble et d'effroi,
Je pense qu'avec eux tout l'enfer est chez moi :

L'un miaule en grondant comme un tigre en furie;
L'autre roule sa voix comme un enfant qui crie.
Ce n'est pas tout encor: les souris et les rats
Semblent, pour m'éveiller, s'entendre avec les chats,
Plus importuns pour moi, durant la nuit obscure,
Que jamais, en plein jour, ne fut l'abbé de Pure. (...)

Nicolas Boileau – *Les Satires* (1666)

Remembrances

Dans l'âtre brûlent les tisons,
Les tisons noirs aux flammes roses;
Dehors hurlent les vents moroses,
Les vents des vilaines saisons.

Contre les chenets roux de rouille,
Mon chat frotte son maigre dos.
En les ramages des rideaux,
On dirait un essaim qui grouille:

C'est le passé, c'est le passé
Qui pleure la tendresse morte;
C'est le bonheur que l'heure emporte
Qui chante sur un ton lassé.

Jean Moréas – *Les Syrtes* (1907)

Lunatique

À Edgar Poe.

Dans l'herbe folle et l'ortie,
La paupière appesantie,
Rôde un chat maigre au poil roux.

Le mur dans l'ombre blafarde,
Où s'entrechoquent des houx,
Se crevasse et par les trous
La lune errante regarde.

Le chat maigre en s'étirant
De sa voix traînante et rauque
Miaule, et dans son œil glauque
S'allume un feu transparent,

Mirage, où, spectre enivrant,
On voit danser toute nue
Hécate, au ciel inconnue.

Jean Lorrain – *La Forêt bleue* (1882)

CHATS TAINE

•

À trois chats,
Puss, Ébène et Mitonne,
domiciliés à Menthon-Saint-Bernard, Haute-Savoie,
ces douze sonnets sont dédiés par leur ami, maître et serviteur,

Hippolyte Taine – 1883

I – Le bonheur

De votre cœur tranquille et dans vos larges yeux,
Ô vénérable chat, la sagesse est innée ;
Votre rouet sans fin près de la cheminée
Est l'écho bourdonnant d'un rêve harmonieux.

Quand vous voulez dormir comme dorment les Dieux,
Vous vous roulez en boule, âme prédestinée,
Vous laissez les soucis à la race damnée
Qui laboure la terre et qui sonde les cieux.

Tel qu'un brahme affranchi des misères du monde
Vous buvez le bonheur dans la coupe profonde
Où l'homme ne boit plus que la fièvre et la mort ;

Et de l'Éden perdu le mirage tragique
Apparaît, évoqué par un miroir magique,
Dans la sérénité de vos prunelles d'or.

II – La société

Ni l'Hellène bavard, ni le brutal Romain,
N'ont su gagner du chat la confiance intime.
Son cœur qui vaut beaucoup et qui beaucoup s'es
Fuit la société du rustre et du gamin,

Seule, la vieille Égypte a trouvé le chemin
Qui nous ouvre l'accès de ce cœur magnanime.
Son culte solennel fut un pont sur l'abîme
Entre la bête auguste et l'animal humain.

Trente siècles durant, du haut de ses pylônes,
Le chat vit à ses pieds la majesté des trônes
Et le front prosterné du Pharaon vainqueur.

Un peuple en pleurs suivait ses pompes mortuaires
Pour sa tombe on sculptait l'onyx des sanctuaires
Il sut par nos respects que l'homme avait un cœur.

III – La religion

Dès l'aube, par essaims, les pèlerins avides,
S'amoncelaient au seuil du portique carré,
Muets, béants, le cœur par l'attente serré,
Sur le spéos obscur fixant leurs regards vides.

Le soleil, blanchissant l'azur des cieux torrides,
Marchait dans le chemin par l'homme mesuré ;
Les rayons effleuraient l'enfoncement sacré,
Quand l'ombre s'allongeait au pied des Pyramides.

Puis l'astre horizontal vidait son carquois d'or ;
Son dernier dard perçait l'oblique corridor
Où la myrrhe et l'encens montaient en vapeurs
droites

Et l'on voyait, au fond du tabernacle ouvert,
Arrondissant son dos et clignant son œil vert,
Le divin quadrupède aux pupilles étroites.

IV – Les souvenirs

Il siège au coin du feu, les paupières mi-closes,
Aspirant la chaleur du brasier qui s'éteint ;
La bouilloire bouillonne avec des bruits d'étain.
Le bois flambe, noircit, s'effile en charbons roses.

Le royal exilé prend de sublimes poses;
Il allonge son nez sur ses pieds de satin;—
Il s'endort, il échappe au stupide destin,
À l'irrémédiable écroulement des choses.

Les siècles en son cœur ont épaissi leur nuit,
Mais au fond de son cœur, inextinguible, luit
Comme un flambeau sacré, son rêve héréditaire:

Un soir d'or, le déclic empourpré du soleil,
Des fûts noirs de palmiers sur l'horizon vermeil,
Un grand fleuve qui roule entre deux murs de terre.

V – Les pénates

Prends ton ciseau, sculpteur; polis ton diamant,
Lapideur; émailleur, fonds ta pâte. Les belles
Que j'aime, les voici; je les veux immortelles
Éternisez pour moi leurs grâces d'un moment.

Sauvez-les de la mort par votre enchantement.
L'une est noire ses cils couvent des étincelles.
Le jaspe étoilé d'or me rendra ses prunelles,
Bile basalte noir son corps souple et charmant.

L'autre est de jais, d'albâtre et d'ambre chamarrée
Pour sa robe, taillez la roche bigarrée
L'émeraude fera la splendeur de ses yeux ;

Et j'aurai, pour peupler mon intime oratoire,
Parmi mes Dieux privés, deux Lares glorieux,
La Vénus tricolore et l'Aphrodite noire.

VI – La philosophie

Deux sages ont connu la vérité suprême
Mais chacun dément l'autre et le condamne à tort ;
L'un nous dit : « Soutiens-toi, sois patient et fort. »
Et l'autre : « Sois heureux, jouis à l'instant même. »

Épicure et Zénon, sur l'antique trirème,
Ont serré de trop près ou l'un ou l'autre bord.
Nous échouons comme eux en atteignant le port.
Les chats ont résolu l'insoluble problème.

Le plaisir, comme il vient ; la douleur s'il le faut,
Puss, vous acceptez tout, et le soleil, là-haut,
Quand il finit son tour dans l'immensité bleue,

Vous voit, couchée en cercle, au soir comme au matin,
Heureuse sans effort, résignée au destin,
Lisser nonchalamment les poils de votre queue.

VII – L'enseignement

Tous muets au Sénat, fuyards à la frontière
Honte partout, César ayant tué, buvait ;
Le porc impérial, lourd du vin qu'il cuvait,
Sous les yeux des soldats ronflait dans sa litière.

Pourtant de vieux Romains gardaient leur âme entière
La nuit, près du lit d'or, de pourpre et de duvet,
Leur philosophe assis lisait à leur chevet :
L'esprit aidait l'esprit à dompter la matière.

Tout s'écroule aujourd'hui, la patrie et les mœurs.
Nous aussi, nourrissons, pour raffermir nos cœurs,
Un médecin de l'âme, un sage à domicile.

Je n'ai jamais souffert quelqu'un qui me prêchât
Mais deux sages muets chez moi trouvent asile,
Pétrone et Thraséas dans la peau de mon chat.

VIII – La pratique

« Cultive ton jardin », disaient Goethe et Voltaire ;
Au-delà, ton ouvrage est caduc et mort-né ;
Enfermons nos efforts dans un cercle borné ;
Points d'écarts ; ne cherchons le ciel que sur la terre.

Ainsi fait notre ami ; comme un vieux militaire,
Il brosse son habit sitôt qu'il a dîné,
Dans son domaine étroit librement confiné.
Ministre de sa peau, tout à son ministère.

Il s'épluche, il se lisse, il sait ce qu'il se doit.
Pauvre petit torchon moins large que le doigt.
Sa langue est tour à tour éponge, étrille et peigne.

Son nez rejoint son dos ; il lèche en insistant ;
Pas un poil si lointain que la râpe n'atteigne.
Goethe, instruit par Voltaire, en a-t-il fait autant ?

IX – L'enfance

Les petits ont deux mois fourrés comme des ours,
Lustrés comme des loirs ils sont bien de leur race.
Juin flambe en eux, jamais leur souplesse n'est lasse ;
Il faut à leurs ébats les seize heures des jours.

Dressant leurs reins arqués sur leurs pieds de velours,
Ils s'affrontent soudain, l'un à l'autre s'enlace ;
Ils roulent ; tous leurs jeux sont des assauts de grâce
Auprès d'eux les chevreuils bondissants semblent lourds.

La grâce en les enfants, la beauté dans les roses,
La nature impuissante en ses métamorphoses,
N'a que deux fois produit le chef-d'œuvre parfait.

Hors d'elle, l'art vagit empêtré dans ses langes.
Qu'a fait l'orgueil humain ? les peintres, qu'ont-ils fait ?
Corrège, des amours, et Raphaël, des anges.

X – La sensibilité

Des cils roides et longs, antennes hérissées,
Font sentinelle autour de son nez frémissant ;
Et le plus léger bruit qui le frôle en passant
Élargit sur son front ses oreilles dressées.

Quand la nuit a brouillé les formes effacées,
Il voit ; le monde noir à son regard perçant
Ouvre ses profondeurs ; il distingue, il pressent ;
Ses sens plus acérés aiguisent ses pensées.

Des craquements de feu courent sur son poil roux ;
Tout le long de sa moelle un tressaillement doux
Conduit l'émotion en son âme inquiète.

Les poils de son museau vibrent à l'unisson,
Et sa queue éloquente a le divin frisson,
Comme une lyre l'or aux mains d'un grand poète.

XI – Le point de vue

Mendiants et bannis de leur terre natale,
Il est, dans la forêt, de délicats enfants,
Pour hôtes et seigneurs ils ont des éléphants,
Au cœur affectueux, à la trompe brutale.

Le colosse rugueux dans sa bauge s'étale,
S'ébroue et beugle, éclate en hoquets triomphants,
Couvre ses protégés de baisers étouffants,
Et ses pieds ! Garez-vous : leur rencontre est fatale.

Tel l'homme pour le chat ; notre hospitalité
Lui pèse ; avec effort il s'est acclimaté
Aujourd'hui l'amitié brille dans ses yeux glauques ;

Il se livre au toucher de nos grossières mains ;
Il tolère la voix des éléphants humains.
Mais que leurs pieds sont lourds et que leurs voix
sont rauques !

XII – L'absolu

Un concert vague emplit l'espace illimité ;
Les ondes de l'éther palpitent en cadence ;
L'atome imperceptible exécute sa danse,
Sur un rythme savant, à sa forme adapté.

Par son premier élan et son poids emporté,
L'astre roule, décrit son orbe et recommence
Le monde harmonieux, sous un archet immense,
Vibre, et chante tout bas l'hymne de sa beauté.

Ô mes bienheureux chats ! Votre rouet paisible
Nous apporte une voix de ce chœur invisible
Où se dit le secret du mystique univers.

Ô grave mélopée ! Ô musique discrète !
J'écoute, je comprends ; mon cœur devient poète,
Et mon cœur tout entier a frémi dans mes vers.

Hippolyte Taine – *À trois chats douze sonnets*
Samedi 11 mars 1893 – Supplément littéraire du *Figaro*

AVEC TOUT CHAT

•

La ballade des chats

Il en est de tout noirs, des chats d'Andalousie
Exubérants d'amour et fous de jalousie :
Des chats à la peau brune, au pelage soyeux,
Sortant au moindre appel de leur douce paresse
Pour se tendre à la main d'où leur vient la caresse
Et se cambrer joyeux !

Il en est de tout roux, des grands chats d'Allemagne,
Importés sur le Rhin du temps de Charlemagne :
Des chats très froids, très mous que chacun peut saisir,
Sans les tirer de leur état soporifère,
Des chats qu'on flatte en vain et qui se laissent faire
Sans plainte et sans plaisir !

Il en est de tout blancs comme un bloc de Carrare,
Des chats immaculés, le chat vierge – très rare –
Farouche au tout premier qui les frôle de près,
Égratignant leur maître aussitôt qu'il fait mine
D'effleurer de ses doigts leur délicate hermine…
Mais se calmant après !

Il en est de petits, de moyens et d'énormes,
D'obèses, de fluets et de toutes les formes.
Certains bâillent d'ennui, certains autres sont gais ;
Certains ont par moments des ardeurs érotiques,
Certains sont, au contraire, hébétés, chlorotiques,
Tristes ou fatigués.

Mais comme dans l'Éden, les chats et l'Ève humaine
Sont soumis de naissance au même phénomène,
Qu'ils soient noirs, blancs ou roux, dodus ou rabougris,
Dès que la nuit s'abat sur les toits et les tentes
Toutes les femmes ont des ivresses latentes,
Et tous les chats sont gris !

Henry de Fleurigny – *Les Chansons de la vie* (1898)

Pantoum

C'est un petit jardin, désolé comme un champ,
L'herbe rousse frémit sous un vent monotone,
À l'ombre des vieux murs, que le lierre festonne.
Au fond des cieux plombés, baigne un soleil couchant.

L'herbe rousse frémit sous un vent monotone;
Un oiseau près de moi file en s'effarouchant:
Au fond des cieux plombés, saigne un soleil couchant,
Dans les bassins, la voix des grenouilles détonne.

Un oiseau près de moi file en s'effarouchant,
Le chat noir aux yeux verts, là-bas, se pelotonne,
Dans les bassins, la voix des grenouilles détonne;
Les ombrages rouillés ont un funèbre chant!

Le chat noir aux yeux verts, là-bas, se pelotonne.
Il me fixe d'un œil satanique et méchant;
Les ombrages rouillés ont un funèbre chant
Je t'aime, ô symphonie étrange de l'automne.

Louis Le Cardonnel – *Poèmes* (1904)

Automne

Matins frileux
Le temps se vêt de brume ;
Le vent retrousse au cou des pigeons bleus
Les plumes.
La poule appelle
Le pépiant fretin de ses poussins
Sous l'aile.
Panache au clair et glaive nu
Les lansquenets des girouettes
Pirouettent.
L'air est rugueux et cru ;
Un chat près du foyer se pelotonne ;
Et tout à coup, du coin du bois résonne,
Monotone et discord,
L'appel tintamarrant des cors
D'automne.

Émile Verhaeren – *Toute la Flandre, Automne* (1904-1911)

Chatte persane

La chambre, où l'été monotone
Confine les ors de sa gloire,
Une brise tiède frissonne
Et creuse d'argentines moires
Sur la chatte aux yeux de démone
Qui, sournoise et longue, vient boire
Dans le vase des anémones …

Anna de Noailles – *Derniers Vers et poèmes d'enfance,*
Chatte persane (1934)

LES CHATS DE ROLLINAT

•

Soliloque du chat maigre

Je suis maigre un peu trop,
Laid, mal fait, bah! mon trot,
C'est l'éclair. J'ai des crocs
Pas bien gros.

Je suis souple d'échine,
Et toute ma machine
Est de bonne origine,
J'imagine.

Car, dur comme du fer,
Je vis l'été, l'hiver,
Par le temps noir ou clair,
Au grand air.

Sans que la faim sévisse,
Pour chasser, j'ai du vice.
De ses trous, je dévisse,
L'écrevisse. […]

Oui, mais quelle pinçure!
Ils creusent la blessure
Décochent la morsure
Preste et sûre.

Tout prêts, mes ongles sont
Courbés en hameçon.
J'agrippe à ma façon
Le poisson.

Mais tel jour se dévide
Où, vainement perfide,
Je vagabonde avide,
Ventre vide.

Vais-je me condamner
Tout le soir à jeûner
À nuitamment flâner
Sans dîner?

Non pas! je rentre au gîte.
Les gens, je les évite,
Cauteleux, j'ingurgite
Et pars vite.

Les chats mes commensaux,
Qui, trop lourds pour les sauts,

Veulent de fins morceaux
Sont des sots.

Leurs yeux qui s'émerveillent
D'ombres toujours pareilles
S'hébètent. Leurs oreilles
S'ensommeillent.

Ils payent l'abondance
De leur indépendance,
Sous leur nez le rat dans
Sans prudence.

N'ayant plus goût au jeu,
Dormir est tout leur vœu,
Ils se cuisent au feu
Peu à peu.

Cette béatitude
Qu'ils ont sans solitude
Prend de la servitude
L'habitude.

Au contraire, excité
Par la nécessité
Moi je garde fierté
Et santé.

Tout me blesse dans l'homme.
Même doux, il m'assomme,
Et je le hais en somme.
Voilà comme

Je vis : sans foi ni loi,
Mangeant n'importe quoi
Jusqu'à des serpents froids
Dans les bois.

Mais, sauvage, ma fibre
En plein espace vibre,
Tout l'être en équilibre
Je suis libre.

Et là-dessus pas fou,
Je vais sachant bien où
Courir le guilledou.
Mi – a – ou !

Maurice Rollinat – *Les Bêtes* (1911)

Le chat blanc

Ce majestueux gros chat blanc,
À toison laineuse et compacte,

Est atteint de la cataracte
Qui lui donne le pas tremblant.

Il va, d'un air gauche et frileux,
Sur les planchers et sur les pierres,
Tenant ouvertes ses paupières
Et montrant fixe ses yeux bleus.

Hélas ! il n'y voit pas du tout,
Et son vieux maître n'y voit guère,
Cependant chacun d'eux naguère
Eut des yeux perçants comme un loup.

Ah dame ! ce maître en a soin
De l'angora couleur de neige,
Il le gâte, sert et protège
Sa fantaisie et son besoin.

Il voulut que l'aller-venir
Du matou n'eût aucune gêne,
Qu'à l'aise en son ancien domaine,
Il pût rôder de souvenir.

Donc, s'il revoyait la clarté,
Ce chat trouverait chaque chose
Conservant sa place et sa pose,
Telle qu'avant sa cécité.

D'ailleurs, il garde sa vigueur
Intacte comme son adresse,
Il a des heures de paresse,
Jamais un moment de langueur.

Puis le passé hante à foison
Sa bonne mémoire de bête,
Il voit lumineux, dans sa tête,
Tous les êtres de la maison.

Par lui, leur frôleur familier,
Cloisons, tentures sont perçues,
Il connaît toutes les issues,
Sait le balcon et l'escalier.

Son dirigement, au dehors
Comme au dedans, vous émerveille.
Son odorat et son oreille
Remplaçant presque ses yeux morts,

Il s'avance et, sans se heurter,
Passe d'une pièce dans l'autre,
Sur tel lit s'élance et se vautre,
À tel meuble va se frotter.

Sentant qu'ici la vision
A toujours le même spectacle,

Il va, sans redouter l'obstacle,
Sûr, bien qu'avec précaution.

À cet endroit qu'il a pensé,
Il sonde, il tâte avec sa patte
Aussi sensible et délicate
Qu'un bâton d'aveugle exercé.

Raisonnable à force d'instinct,
Prudent et sagace, il se guide
Dans une obscurité liquide
Où l'objet lui semble distinct.

Il sort un peu, chasse parfois,
Et le grenier qu'il idolâtre
Est encor souvent le théâtre
De sa ruse et de ses exploits.

Tel il vit, flâneur carnassier,
Contentant sa faim et son somme,
Seule société d'un homme
Qui l'aime et sait l'apprécier.

Puisses-tu longtemps subsister,
Compagnonnage misanthrope

D'un chat aveugle et d'un vieux myope,
L'un pour l'autre heureux d'exister.

Maurice Rollinat – *Les Bêtes* (1911)

Le chat

Par le muet et le cafard
Du pas, de la miaulerie,
Par la louche câlinerie
Du mouvement et du regard,

Le chat vous prend. Fauve et mignard,
Il a de la sorcellerie ;
Son surgissement quelque part
Met du songe et de la féerie.

J'aime ce féroce bénin,
Moitié miel et moitié venin,
Ambigu des pieds à la tête,

Et cet hypocrite parfait
Plus d'une fois m'a fait l'effet
D'une Circé changée en bête.

Maurice Rollinat – *Les Bêtes* (1911)

L'esprit félin

Ce petit chat tout noir à la prunelle verte
Doit avoir une âme de chien ;
Il chasse, il arrête si bien,
Flairant, patte levée et la gueule entr'ouverte.

Mais le plus surprenant c'est que son pas alerte
À toute heure s'emboîte au mien,
Avec moi part et s'en revient,
Me talonne partout dans la brande déserte.

Sur mon allure il piète, il rampe,
Saute, escalade, prend le trot,
Pour moi cuit au soleil, sous l'averse se trempe.

Est-ce un diable, un Esprit ? Je finis par le croire.
Car, positivement, elle me poursuit trop
Cette petite bête noire.

Maurice Rollinat – *Les Bêtes* (1911)

Croquis du chat

Pour grimper seul sur le grand prunier
Et somnoler sur la margelle
Du vieux puits, le chat, par l'échelle,
Est descendu de son grenier.

Et jusqu'à terre, tout du long,
Il miaule à chaque échelon.
Son petit museau se redresse,
Il flaire un peu d'où le vent vient,

Puis tout à coup, il se souvient
De la viande et de la caresse,
Sur sa chaise il ne fait qu'un saut
Dans la cuisine, près du seau.

Là, sans même qu'il s'ébouriffe
Ou bouffe en bossuant son dos,
Contre le chien cherchant un os
Dans la paille il se fait la griffe
À l'intention des souris.

Ouvrant, fermant ses ongles gris,
Écoutant ronfler la bouillotte,
Il bâille, ou plutôt il bâillotte
Et faisant son ronron
S'endort en demi-rond.

Maurice Rollinat – *Les Bêtes* (1911)

Le chat

Égoïste ombrageux de tout son corps qui vibre,
De tout l'instinct si froid qui lui sert de raison.
Il vous hante et vous fuit, n'est dans votre maison
Qu'un démon familier, lunatiquement libre.

Il vous paye en magique, en luxe, en poésie,
Sans jamais abdiquer ses sauvages besoins.
Son acceptation de vous et de vos soins?
Gourmandise, intérêt, rapace fantaisie.

Sous sa peau de velours qui recèle du feu
Et communique aux doigts des frissons qui les grisent,
Il promène élastique, à la fois spectre et dieu.
Le fluide dont l'air et l'objet s'électrisent!

Sa vue inspire l'art, solennise l'étude,
Et l'ermite s'oublie à le considérer,
D'autant plus fascinant qu'il a pour l'encadrer
La vétusté, le deuil, l'ombre et la solitude.

Son mouvement trahit la fée ou le Génie.
Et sa torpeur vous semble un sommeil enchanté,
Partout il est la grâce, il est l'étrangeté,
Le charme, l'inconnu, le faste et l'harmonie.

Qu'importe ! on lui pardonne astuce et malfaisance.
Puisque dans nos logis ce fier prestigieux
Dégage de l'énigme et du passé très vieux,
Met du surnaturel par sa seule présence.

Il incarne en beauté le mystère sournois,
De l'onde ayant l'errant, l'onduleux, l'indolence :
De la femme, les nerfs, le regard, le minois
Avec l'éclair du geste et le pas du silence.

Des ténèbres, sa chère atmosphère où reluit
Son œil, fixe carreau de sa pensée obscure,
Il semble rapporter le secret qu'il figure
Rentre au jour avec les allures de la nuit.

Et tandis qu'à ses cris d'amour, jusqu'en votre âme
Hurle, grince et gémit toute l'horreur du drame,
Son miaulement d'ennui vous caresse le cœur.

Et berceur plus sorcier avec plus de longueur,
Le songe fils en vous sa quenouille de gaze,
Quand le ronron félin vient en rythmer l'extase.

Maurice Rollinat – *Les Bêtes* (1911)

Convoitise

Près de l'âtre, assis droit, la queue en demi-cercle,
Sur ses petits pieds de devant,
Le chat est le voisin ronronneur et rêvant
D'une braisière sans couvercle.

De temps en temps, son poil ou son oreille vibre…
Puis, le voilà presque voûté,
Si dormant que parfois il penche d'un côté
Comme s'il perdait l'équilibre

Or, pendant qu'il sommeille, une métamorphose
S'opère… Au lieu du vieux fricot
Mijotant sur la cendre, un succulent gigot
Cuit à la flamme longue et rose.

Par degrés aux senteurs de l'ail et de la viande,
Le chat, toujours moins engourdi,
Tressaille, puis bâillotte, et presque déroidi,
Hoche un peu sa tête friande.

À petits cherchements, cherchant la graisse frite,
Se baisse le nez du minet
Dont le réveil s'achève et qui la reconnaît,
La broche avec sa lèchefrite !

Alors, les yeux gourmands, plein d'envie, il se hausse
Pour voir le beau rôti qui, déjà si dorant,
Avec tant de lenteur, tournique, tout pleurant,
Des gouttelettes de la sauce.

Maurice Rollinat – *Les Bêtes* (1911)

Étude de chat

Longue oreille, des crocs intacts, de vrais ivoires,
Le corps svelte quoique râblu,
Son beau pelage court et gris à barres noires
Lui faisant un maillot velu ;

Des yeux émeraudés, vieil or, mouillant leur flamme
Qui, doux énigmatiquement,
Donnent à son minois le mièvre et le charmant
D'un joli visage de femme.

Avec cela rôdeur de gouttières, très brave,
Fort et subtil, tel est ce chat,
Pratiquant à loisir le bond et l'entrechat,
Au grenier comme dans la cave.

Aujourd'hui depuis l'aube, ayant bien ripaillé
Au vieux château qui le vit naître

Il est sur son fauteuil poudreux et dépaillé
Accroupi devant la fenêtre.

Il pleuvasse un peu, mais pour ce craintif de l'eau
L'ondée a trop de violence;
Il reste au gîte, y fait son ronronnant solo
Dans la musique du silence.

Confit en sa mollesse, il peine à s'étirer,
Piète, sort sa griffe, la rentre,
Pour le moment, sans puce, gavé, plein son ventre.
Il n'a plus rien à désirer.

Une poussière ayant picoté son nez rose
Il éternue, et comme un loir,
Il s'étend paresseux, charge de nonchaloir.
Et genoux pliés se repose.

L'œil mi-clos, rêvassant plutôt qu'il ne sommeille
Gardant l'ouïe et l'odorat,
Il guigne le grillon du mur, flaire le rat.
Écoute ronfler une abeille.

Le temps passe, à la fin, de sieste en somnolence,
Il s'endort puis se réveillant
Se rendort de nouveau, se réveille en bâillant
Tant qu'il sort de son indolence.

Il toussote, se mouche et se désassoupit.
Bombe son échine et la creuse
En redressant sa queue alerte, tout heureuse
D'avoir terminé son répit.

À l'œuvre maintenant! toilette et gratterie
L'absorbent tout entier. Le chat,
Si propre tel qu'il est, si bien peigné déjà
Se tisse avec coquetterie

Que par hasard un poil se colle sur sa langue
Pour l'avaler, le miauleur
Grimace en mâchonnant, fait comme un beau parleur
Qui s'empêtre dans sa harangue.

À piochement de tête onduleux, brusque et drôle,
Il se râpe le bas du cou;
Des griffes et des dents il insiste beaucoup
Aux démangeaisons de l'épaule.

Son opération d'un arrêt s'entrecoupe
Il tend son regard et son flair,
Et le col et les reins en arc, la cuisse en l'air,
Lèche les abords de sa croupe

Sans voir ce que la pluie en tapotant gribouille
Sur la crasse de son carreau
Il humecte longtemps le caoutchouc noiraud
De sa patte, et se débarbouille.

Éveillée à présent, mutine, se détache,
Sur un fond d'ombre vague au clair-obscur
tremblant
Sa frimousse qui montre espacés et tout blancs
Les poils raides et droits lui servant de moustache.

Mais la pluie a cessé. Quelqu'un entre soudain.
Le matou sort d'un bond, gagne cour et jardin,
Et bientôt on le voit marchant à pas tranquilles
Au long du vieux chenal, sur la mousse des tuiles.

Maurice Rollinat – *Les Bêtes* (1911)

Chat et chien

Ensemble ils sont tellement bien
Qu'adorant tous deux la rataille
Ce même goût leur est un lien
Au lieu d'un sujet de bataille

Tous deux ils ont l'instinct vaurien,
L'humeur fourbe, la dent canaille,

Ils sont voleurs, ça ne fait rien !
Que tout à coup le chien s'en aille,

Le chat met son pas sur le sien ;
Si le chat disparaît, le chien
Le cherche, s'inquiète et braille.

Au-dedans, même va-et-vient,
Côte à côte, ils s'épucent, bâillent,
Et l'un près de l'autre se tient
Sur la chaise qu'ils désempaillent.

Bref, égaux en tout jusqu'en taille,
Le grand chat et le petit chien
Font mentir le proverbe ancien,
Et leur bonne entente le raille.

Maurice Rollinat – *Les Bêtes* (1911)

Le grand chat pêcheur

Ichtyophage errant, braconnier jusqu'aux fibres,
Il suit rivière ou lac, ruisseaux pleins ou taris,
En scrutant les recoins de ses yeux vert-de-gris,
Entre l'ajonc qui rêve et le roseau qui vibre.
Penché sur l'onde, il sait garder son équilibre

Et prend de beaux poissons d'or fauve et d'argent gris,
Un peu de toute espèce et de tous les calibres,
Mais les vérons lui font ses repas favoris.
Vivent les goujons crus ! il les préfère aux frits
Qu'il laisse aux tristes chats trop vils pour être libres.

En lui-même il s'en veut, se raille, se dénigre,
Quand la glace l'oblige à manger des souris.
Il lui faut son fretin, sa blanchaille à tout prix !
Aussi, l'été venu, chaque jour il émigre
Aux bons ravins herbus, caillouteux et fleuris,

Où tel vieux paysan surpris
En le voyant s'exclame : « Bigre !
Allons-nous-en ! Ou me v'là pris !
C'grand matou, c'est p'têt'ben un tigre !... »

Maurice Rollinat – *Les Bêtes* (1911)

CHAT ME FAIT PLAISIR

•

Chat et tigre

« Dieu a fait le chat pour donner à l'homme le plaisir de caresser le tigre. »

Joseph Méry, en visite chez Victor Hugo qui habitait alors place Royale (place des Vosges aujourd'hui) entre 1832 et 1848.

Le chat

Je souhaite dans ma maison :
Une femme ayant sa raison,
Un chat passant parmi les livres,
Des amis en toute saison
Sans lesquels je ne peux pas vivre.

Guillaume Apollinaire – *Le Bestiaire, ou Cortège d'Orphée* (1911)

Matou charmant

Matou charmant des contes bleus,
Chat l'unique trésor des gueux,
Chat qu'on adore
En son enfance, et que, très vieux,
On aime encore
....
Ah! qu'il était, mon Chat botté,
Luisant d'amour et de gaîté,
Quand, chat d'audace,
Avec des airs exorbitants,
Il précédait mes beaux vingt ans,
En criant : « Place!
« Place au marquis de Carabas!
« Ohé! vous tous, là-haut, là-bas,
« Place à mon maître!
« Admirez, peuples étonnés,
« L'homme depuis le bout du nez
« Jusqu'à la guêtre.
« Et d'abord proclamez, manants,
« Que les bois, les prés et les champs,
« Les fleurs nouvelles,
« Les cieux, à dater d'aujourd'hui,
« Sont à lui, les lauriers à lui,

« À lui, les belles!
« Si vous en doutiez par malheur!
« Vous seriez — j'en essuie un pleur,
« Lorsque j'y rêve —
« Ma parole de Chat botté,
« Hachés comme chair à pâté,
« Hachés sans trêve!... »
Ainsi parlait, en ce temps-là,
Mon chat en habit de gala...

André Gill – *Les Poèmes du Chat Noir* (1881-1886)

Le chat noir de la palissade

Promène son museau partout,
C'est un pirate en ambassade,
Le chat noir qui s'en vient chez nous.
Dans le jardin ou sur le toit,
En mille et une escapades
De tous côtés, il est le roi.

Il est le tigre du Bengale
Et le prince des maraudeurs,
Sa moquerie est sans égale:
Ce chat-là est un chapardeur.

Il faut le voir, cet escogriffe,
Ce gracile animal ingrat
Qui lacère à grands coups de griffe
Les détritus de papier gras.

Il mène sa vie à sa guise,
Ne faisant que ce qui lui plaît,
Il se complaît dans des bêtises
Qui ne valent pas un couplet.

Et cependant si ce vaurien
Ne commet que des incartades
À la maison, on l'aime bien,
Le chat noir de la palissade.

Henry Monnier – *Les Poèmes du Chat Noir* (1881-1886)

Écrit sur l'Album des Chats d'Henriette Ronner

Je regarde, en ce bel album paru d'hier,
Ces chats pris sur le vif avec un talent rare.
Jamais il ne fut mieux compris, je le déclare,
Le tigre familier, caressant quoique fier.

Vos félins sont exquis, Henriette Ronner.
Je les admire et, non sans orgueil, les compare

Au charmant angora dont mon logis se pare
Et qui vient de vêtir sa fourrure d'hiver.

Comme vous, pour les chats j'ai tant de sympathies !
Chez moi, j'ai vu régner de longues dynasties
De ces rois fainéants au pelage soyeux :

Et, dans mon calme coin de vieux célibataire,
Toujours les chats prudents, les chats silencieux
Promènent leur beauté, leur grâce et leur mystère.

François Coppée – *Promenades et Intérieurs* (1899)

Les chats blancs

Dans l'or clair du soleil, étirant leurs vertèbres,
– Blancs comme neige – on voit des chats efféminés,
Closant leurs yeux jaloux des intimes ténèbres,
Dormir – dans la tiédeur des poils illuminés.

Leur fourrure a l'éclat des glaciers baignés d'aube,
Dessous elle, leur corps, frêle, nerveux et fin,
A des frissonnements de fille dans sa robe,
Et leur beauté s'affine en des langueurs sans fin !

Sans doute ! ils ont jadis animé de leur Âme
La chair d'un philosophe ou celle d'une femme,
Car, depuis, leur candeur éclatante et sans prix

Ayant l'orgueil confus d'une grande première
Les aristocratise en un calme mépris,
Indifférents à tout ce qui n'est pas *Lumière*!

Paul Valéry – *Œuvres* (1957)

GROS FÉLINS

•

Le jaguar

Sous le rideau lointain des escarpements sombres
La lumière, par flots écumeux, semble choir ;
Et les mornes pampas où s'allongent les ombres
Frémissent vaguement à la fraîcheur du soir.

Des marais hérissés d'herbes hautes et rudes,
Des sables, des massifs d'arbres, des rochers nus,
Montent, roulent, épars, du fond des solitudes,
De sinistres soupirs au soleil inconnus.

La lune, qui s'allume entre des vapeurs blanches,
Sur la vase d'un fleuve aux sourds bouillonnements,
Froide et dure, à travers l'épais réseau des branches,
Fait reluire le dos rugueux des caïmans.

Les uns, le long du bord traînant leurs cuisses torses,
Pleins de faim, font claquer leurs mâchoires de fer ;
D'autres, tels que des troncs vêtus d'âpres écorces,
Gisent, entrebâillant la gueule aux courants d'air.

Dans l'acajou fourchu, lové comme un reptile,
C'est l'heure où, l'œil mi-clos et le mufle en avant,
Le chasseur au beau poil flaire une odeur subtile,
Un parfum de chair vive égaré dans le vent.

Ramassé sur ses reins musculeux, il dispose
Ses ongles et ses dents pour son œuvre de mort ;
Il se lisse la barbe avec sa langue rose ;
Il laboure l'écorce et l'arrache et la mord.

Tordant sa souple queue en spirale, il en fouette
Le tronc de l'acajou d'un brusque enroulement ;
Puis sur sa patte roide il allonge la tête,
Et, comme pour dormir, il râle doucement.

Mais voici qu'il se tait, et, tel qu'un bloc de pierre,
Immobile, s'affaisse au milieu des rameaux :
Un grand bœuf des pampas entre dans la clairière,
Corne haute et deux jets de fumée aux naseaux.

Celui-ci fait trois pas. La peur le cloue en place :
Au sommet d'un tronc noir qu'il effleure en passant,
Plantés droit dans sa chair où court un froid de glace,
Flambent deux yeux zébrés d'or, d'agate et de sang.

Stupide, vacillant sur ses jambes inertes,
Il pousse contre terre un mugissement fou ;
Et le jaguar, du creux des branches entr'ouvertes,
Se détend comme un arc et le saisit au cou.

Le bœuf cède, en trouant la terre de ses cornes,
Sous le choc imprévu qui le force à plier ;
Mais bientôt, furieux, par les plaines sans bornes
Il emporte au hasard son fauve cavalier.

Sur le sable mouvant qui s'amoncelle en dune,
De marais, de rochers, de buissons entravé,
Ils passent, aux lueurs blafardes de la lune,
L'un ivre, aveugle, en sang, l'autre à sa chair rivé.

Ils plongent au plus noir de l'immobile espace,
Et l'horizon recule et s'élargit toujours ;
Et, d'instants en instants, leur rumeur qui s'efface
Dans la nuit et la mort enfonce ses bruits sourds.

Leconte de Lisle – *Poèmes barbares* (1862)

Le rêve du Jaguar

Sous les noirs acajous, les lianes en fleur,
Dans l'air lourd, immobile et saturé de mouches,
Pendent, et, s'enroulant en bas parmi les souches,

Bercent le perroquet splendide et querelleur,
L'araignée au dos jaune et les singes farouches.
C'est là que le tueur de bœufs et de chevaux,
Le long des vieux troncs morts à l'écorce moussue,
Sinistre et fatigué, revient à pas égaux.
Il va, frottant ses reins musculeux qu'il bossue ;
Et, du mufle béant par la soif alourdi,
Un souffle rauque et bref, d'une brusque secousse,
Trouble les grands lézards, chauds des feux de midi,
Dont la fuite étincelle à travers l'herbe rousse.
En un creux du bois sombre interdit au soleil
Il s'affaisse, allongé sur quelque roche plate ;
D'un large coup de langue il se lustre la patte ;
Il cligne ses yeux d'or hébétés de sommeil ;
Et, dans l'illusion de ses forces inertes,
Faisant mouvoir sa queue et frissonner ses flancs,
Il rêve qu'au milieu des plantations vertes,
Il enfonce d'un bond ses ongles ruisselants
Dans la chair des taureaux effarés et beuglants.

Leconte de Lisle – *Poèmes barbares* (1862)

La Mort d'un lion

Étant un vieux chasseur altéré de grand air
Et du sang noir des bœufs, il avait l'habitude

De contempler de haut les plaines et la mer,
Et de rugir en paix, libre en sa solitude.

Aussi, comme un damné qui rôde dans l'enfer,
Pour l'inepte plaisir de cette multitude
Il allait et venait dans sa cage de fer,
Heurtant les deux cloisons avec sa tête rude.

L'horrible sort, enfin, ne devant plus changer,
Il cessa brusquement de boire et de manger,
Et la mort emporta son âme vagabonde.

Ô cœur toujours en proie à la rébellion,
Qui tournes, haletant, dans la cage du monde,
Lâche, que ne fais-tu comme a fait ce lion ?

Leconte de Lisle – *Poèmes barbares* (1862)

La Panthère noire

Une rose lueur s'épand par les nuées ;
L'horizon se dentelle, à l'Est, d'un vif éclair ;
Et le collier nocturne, en perles dénouées,
S'égrène et tombe dans la mer.

Toute une part du ciel se vêt de molles flammes
Qu'il agrafe à son faîte étincelant et bleu.

Un pan traîne et rougit l'émeraude des lames
D'une pluie aux gouttes de feu.

Des bambous éveillés où le vent bat des ailes,
Des letchis au fruit pourpre et des cannelliers
Pétille la rosée en gerbes d'étincelles,
Montent des bruits frais, par milliers.

Et des monts et des bois, des fleurs, des hautes mousses,
Dans l'air tiède et subtil, brusquement dilaté,
S'épanouit un flot d'odeurs fortes et douces,
Plein de fièvre et de volupté.

Par les sentiers perdus au creux des forêts vierges
Où l'herbe épaisse fume au soleil du matin ;
Le long des cours d'eau vive encaissés dans leurs berges,
Sous de verts arceaux de rotin ;

La reine de Java, la noire chasseresse,
Avec l'aube, revient au gîte où ses petits
Parmi les os luisants miaulent de détresse,
Les uns sous les autres blottis.

Inquiète, les yeux aigus comme des flèches,
Elle ondule, épiant l'ombre des rameaux lourds.

Quelques taches de sang, éparses, toutes fraîches,
    Mouillent sa robe de velours.

Elle traîne après elle un reste de sa chasse,
Un quartier du beau cerf qu'elle a mangé la nuit ;
Et sur la mousse en fleur une effroyable trace
    Rouge, et chaude encore, la suit.

Autour, les papillons et les fauves abeilles
Effleurent à l'envi son dos souple du vol ;
Les feuillages joyeux, de leurs mille corbeilles ;
    Sur ses pas parfument le sol.

Le python, du milieu d'un cactus écarlate,
Déroule son écaille, et, curieux témoin,
Par-dessus les buissons dressant sa tête plate,
    La regarde passer de loin.

Sous la haute fougère elle glisse en silence,
Parmi les troncs moussus s'enfonce et disparaît.
Les bruits cessent, l'air brûle, et la lumière immense
    Endort le ciel et la forêt.

Leconte de Lisle – *Poèmes barbares* (1862)

The tyger

Tyger Tyger, burning bright,
In the forests of the night;
What immortal hand or eye,
Could frame thy fearful symmetry?

In what distant deeps or skies.
Burnt the fire of thine eyes?
On what wings dare he aspire?
What the hand, dare seize the fire?

And what shoulder, and what art,
Could twist the sinews of thy heart?
And when thy heart began to beat,
What dread hand? And what dread feet?

What the hammer? what the chain,
In what furnace was thy brain?
What the anvil? what dread grasp,
Dare its deadly terrors clasp!

When the stars threw down their spears
And water'd heaven with their tears:
Did he smile his work to see?
Did he who made the Lamb make thee?

Tyger Tyger burning bright,
In the forests of the night:
What immortal hand or eye,
Dare frame thy fearful symmetry?

William Blake – *Songs of Experience* (1794)

Le tigre

Tigre, tigre, lumière éblouissante
Dans les forêts de la nuit
Quelle main ou quel œil immortel
A pu créer ta fascinante symétrie?

Dans quelles profondeurs ou quels cieux immenses
Brûla le feu de tes yeux?
Sur quelles ailes osa-t-il s'élever?
Quelle main osa saisir ce feu?

Et quelle épaule, et quel art
Pourraient dérouter les méandres de ton cœur?
Et quand ton cœur commença à battre,
Quelle main redoutable? Quel pas terrifiant?

Quel fut le marteau? Quelle fut la chaîne?
Dans quelle fournaise fut ton cerveau?

Quelle fut l'enclume ? quelle effroyable étreinte
Osa clore ces mortelles terreurs ?

Quand les étoiles ont lancé leurs lances
Et inondé le ciel de leurs larmes
Était-il satisfait de son travail ?
Est-ce que celui qui a créé l'agneau t'a aussi créé ?

Tigre, tigre, lumière éblouissante
Dans les forêts de la nuit,
Quelle main ou quel œil immortel
A pu créer ta fascinante symétrie ?

William Blake — *Songs of Experience* (1794)
Traduction de Jean-Joseph Julaud

Le Léopard

Si tu vas dans les bois,
Prends garde au léopard.
Il miaule à mi-voix
Et vient de nulle part.

Au soir, quand il ronronne,
Un gai rossignol chante
Et la forêt béante
Les écoute et s'étonne,

S'étonne qu'en ses bois
Vienne le léopard
Qui ronronne à mi-voix
Et vient de nulle part.

Robert Desnos – *Chantefables et Chantefleurs* (1957)

Fable ou Histoire

Un jour, maigre et sentant un royal appétit,
Un singe d'une peau de tigre se vêtit.
Le tigre avait été méchant; lui, fut atroce.
Il avait endossé le droit d'être féroce.
Il se mit à grincer des dents, criant: « Je suis
Le vainqueur des halliers, le roi sombre des nuits! »

Il s'embusqua, brigand des bois, dans les épines;
Il entassa l'horreur, le meurtre, les rapines,
Égorgea les passants, dévasta la forêt,
Fit tout ce qu'avait fait la peau qui le couvrait.
Il vivait dans un antre, entouré de carnage.
Chacun, voyant la peau, croyait au personnage.

Il s'écriait, poussant d'affreux rugissements:
Regardez, ma caverne est pleine d'ossements;
Devant moi tout recule et frémit, tout émigre,

Tout tremble; admirez-moi, voyez, je suis un tigre!
Les bêtes l'admiraient, et fuyaient à grands pas.
Un belluaire vint, le saisit dans ses bras,

Déchira cette peau comme on déchire un linge,
Mit à nu ce vainqueur, et dit: « Tu n'es qu'un singe! »

Victor Hugo – *Les Châtiments* (1853)

Le Lion

À Gaston Prudhomme de la Pérelle

I

La nuit dans le désert vient à pas lents s'asseoir
Avec sa robe d'ombre et son bandeau d'étoiles;
Elle rafraîchit l'air en balançant ses voiles,
L'herbe fume et l'Asie est comme un encensoir.

C'est l'heure du lion. Sur les brûlantes pierres,
Et sous un jour pesant aux rayons irrités,
Il a dormi. C'est l'heure, il ouvre les paupières,
Se dresse en soupirant, les ongles écartés,
Et va; ses grands yeux clairs dans les ténèbres plongent,
Puis il gronde en dedans et rugit tout à coup:
Ses flancs pleins de tonnerre en frémissant s'allongent,

Sa crinière terrible est droite sur son cou.
Le palais échauffé d'une soif importune,
Il va voir si la source a de l'eau dans son lit,
Et s'arrête parfois : le croissant de la lune
L'étonné, la splendeur des astres le remplit.
Son allure est d'un sage, il marche avec mystère
Comme un prêtre des nuits ; à chacun de ses pas,
Son pied en se posant semble arrêter la terre ;
Quand il passe, elle tremble et ne résonne pas.
Mais, pendant qu'au torrent il se penche pour boire,
Sur le bord opposé rampe une forme noire...
Le tigre ! on n'aperçoit que les yeux et les dents :
Cette mâchoire blanche et ces deux trous ardents
Ressemblent à la mort épiante et cruelle.
Le lion le regarde à travers ses cils roux,
En arrêt ; l'onde encor de ses lèvres ruisselle.
Enfin, quand le silence a grossi les courroux,
Tout tremble au roulement des murmures de rage,
Et les bandes d'oiseaux, qui, la nuit, dans les airs,
Émigrent assoupis, rêvent qu'un double orage
Amoncelle plus bas des bruits et des éclairs.
Ô terreur ! ils se sont élancés l'un sur l'autre
En même temps, si prompts que l'œil les a perdus ;
Comme une grappe énorme ils semblent suspendus ;

Puis le couple acharné dans l'eau tombe et se vautre :
Sous leurs piétinements durs et précipités
L'eau vive, les roseaux, les graviers et les mousses
Volent, craquent, foulés, chassés de tous côtés ;
On ne voit qu'une masse aux nerveuses secousses
Dans un tumulte sourd ; les puissants coups de crocs
Au velours jaune ou noir font de brûlants accrocs ;
Le plus faible en aura jusqu'à ce qu'il ne bouge
Et n'ait plus dans le corps ni souffle ni chaleur.
L'air s'infecte, la source a changé de couleur,
Et le tigre a roulé dans une bourbe rouge.
Le lion s'est dressé sur le vaincu mourant,
Le flaire, s'en éloigne, et, maître du torrent,
Se secoue en silence et recommence à boire.
L'onde fraîche a calmé le feu de sa mâchoire,
Mais le sang qu'il a bu s'allume dans son cœur ;
Il rôde, il a besoin de sa jalouse amante.
La féroce au col nu, la fauve sans vainqueur
L'appelle ; il la pressent ; sa force le tourmente,
Et bientôt rugiront ces amours forcenés
Où les mâles affreux sont les plus sûrs de plaire,
Où la loi d'un baiser pareil à la colère
Les tient avec fureur et plaisir enchaînés.
La lionne, plaignant son ardeur inutile,
Traîne son cri lascif, et, voyant qu'il la suit,

De ses flancs caressants aux grâces de reptile
L'enveloppe et s'échappe, et l'attire et le fuit.

Et, quand viendra l'instant où le levant se dore
Et sent avec lenteur le soleil approcher,
Le lion montera sur le front d'un rocher
Pour saluer d'en haut la rayonnante aurore. [...]

Sully Prudhomme – *Stances et Poèmes* (1865)

La méridienne du lion

Le lion dort, seul sous sa voûte.
Il dort de ce puissant sommeil
De la sieste, auquel s'ajoute,
Comme un poids sombre, le soleil.

Les déserts, qui de loin écoutent,
Respirent ; le maître est rentré.
Car les solitudes redoutent
Ce promeneur démesuré.

Son souffle soulève son ventre ;
Son œil de brume est submergé,
Il dort sur le pavé de l'antre,
Formidablement allongé.

La paix est sur son grand visage,
Et l'oubli même, car il dort.
Il a l'altier sourcil du sage
Et l'ongle tranquille du fort.

Midi sèche l'eau des citernes ;
Rien du sommeil ne le distrait ;
Sa gueule ressemble aux cavernes,
Et sa crinière à la forêt.

Il entrevoit des monts difformes,
Des Ossas et des Pélions,
À travers les songes énormes
Que peuvent faire les lions.

Tout se tait sur la roche plate
Où ses pas tout à l'heure erraient.
S'il remuait sa grosse patte,
Que de mouches s'envoleraient !

Victor Hugo – *Les Chansons des rues et des bois* (1865)

LES POÈTES

XVIe SIÈCLE

Joachim du Bellay

Dans les ancêtres de la famille du Bellay, on trouve… Hugues Capet! Mais, malgré ce fondateur de la dynastie capétienne bien accroché dans les branches de son arbre généalogique, Joachim du Bellay (1522-1560) vit chichement près de ses parents, au château de la Turmelière, à Liré, en Anjou. Après ses études à Poitiers, puis à Paris, il vit à Rome auprès de son cousin, le cardinal Jean du Bellay dont il devient le secrétaire. C'est dans la Ville éternelle qu'il écrit son sonnet le plus connu – publié après son retour en France, en 1558, dans le recueil intitulé *Les Regrets*: « Heureux qui comme Ulysse »…

François Mainard

Joyeux drille d'abord, puis élève du très sérieux, très exigeant Malherbe, François Mainard (il tentera d'imposer, en vain, sauf en ce livre, cette orthographe au lieu de celle de Maynard qui a survécu…) se marie à trente ans. Il devient en dix ans, le père de huit enfants qu'il faut nourrir en quémandant ici et là des pensions chichement accordées – notamment par Richelieu qui n'aime guère cet ancien noceur, pourtant parfait rimeur ! Il termine sa vie à Saint-Céré en 1646, près d'Aurillac, en supportant de douloureux coups du sort.

XVIIe SIÈCLE

Nicolas Boileau

Orphelin, à vingt mois, en 1638, avec quinze frères et sœurs ! Pas facile de se faire une place dans toute cette famille interminable surtout si on est l'avant-dernier ! Pas facile de supporter la douleur incessante et croissante occasionnée par ce qu'on appelle la maladie de la pierre – un calcul rénal. Et comment se remettre d'une opération pour extraire le calcul, opération qui à l'époque tient davantage de la charcuterie que de la chirurgie – et qui laisse mutilé à vie ? Voilà le début de l'existence de Nicolas Boileau (1636-1711). Gilles Boileau, son frère, académicien depuis 1659, va le pousser dans le monde. Dès qu'il prend la mesure de ce qui s'y trame, Nicolas dégaine, puis déchaîne sa plume, écrivant des satires. Enfin, son *Art poétique* – « Hâtez-vous lentement, et, sans perdre courage, /

Vingt fois sur le métier remettez votre ouvrage »... Sans oublier ses vers habités de chats chahuteurs dans « Les embarras de Paris ».

Jean de La Fontaine

La Fontaine est né à Château-Thierry en 1621. Familier de la cour, il vit à Paris et publie les six premiers livres de ses fables en 1668. Elles sont dédiées à Monseigneur le Dauphin, fils aîné de Louis XIV. Dix ans plus tard paraissent cinq autres livres qui ont pour dédicataire Madame de Montespan – la belle marquise maîtresse du roi. Le dernier livre des fables, le livre XII, paraît en 1693. La Fontaine écrit ses fables à Paris, et non dans quelque forêt inspiratrice où le poète aurait batifolé en quête d'idées. Car les sources d'inspiration de La Fontaine sont nées de ses lectures : Ésope, le fabuliste grec, Phèdre le Latin, Pilpay l'Indien, Verdizotti l'Italien, etc. Quelle est alors la création majeure de notre « bonhomme Jean » ? C'est un personnage unique dans toutes ses œuvres : la langue française ! Il lui fournit une esthétique à nulle autre pareille, inégalable, inégalée.

XVIIIe SIÈCLE

Jean-Pierre Claris de Florian

Florianet pour Voltaire dont il est le petit-neveu, Jean-Pierre Claris de Florian (1755-1794) est peut-être connu de vous pour ces célèbres paroles mises en chanson d'amertume et de résignation pour les passions dépassionnées : « Plaisir d'amour, ne dure qu'un moment / Chagrin d'amour dure toute la vie »... Mais Florian est aussi un fabuliste, presque l'égal d'un La Fontaine, élu à l'Académie française en 1788, et qui a publié dans sa courte vie qui se termine à trente-neuf ans après un rude emprisonnement sous la Révolution, cent douze fables parmi l'exquise et sage « Le grillon », et celles présentes en ce livre, hébergeant des chats de toute espèce.

Antoine Houdar de La Motte

Houdar de La Motte (1672-1731) incarne la lassitude des nouvelles générations de son temps qui veulent se libérer du carcan classique. Aux commandements de la métrique, des rimes et des rythmes, il rêve de substituer la liberté de la prose où il pressent qu'un jour la poésie saura se déployer. En attendant, il écrit des vers, et, entre autres œuvres, la fable « Les amis trop d'accord » dont l'ultime alexandrin est devenu célébrissime – bien plus que son auteur –: « L'ennui naquit un jour de l'uniformité. » Ses autres fables offrent un intérêt certain, notamment celles où sont mis en scène nos félins favoris.

XIXe SIÈCLE

Charles Baudelaire

Les *Fleurs du Mal*, recueil paru en juin 1857, dédié à Théophile Gautier, sont condamnées deux mois plus tard pour… outrage à la morale! Et ce jugement n'est cassé qu'en 1949! Que de malheurs se sont abattus sur la tête de l'infortuné Baudelaire (1821-1867): une syphilis sournoise, rampante, victorieuse finalement; des amours sans espoir, des trahisons, et cette condamnation… Jusqu'à ce 14 mars 1866 où il tombe dans l'église de Namur, frappé d'un mal qui ne lui laisse jusqu'à sa mort un an plus tard qu'un seul mot: Crénom! Pourtant, Baudelaire, c'est à coup sûr le plus grand. Entrez dans ses poèmes: la douleur y est bien sage, bien tranquille, elle s'abîme en d'étranges bonheurs, inimitables, uniques – ses chats sont une merveille de tendresse. Et, crénom, que c'est beau!

William Blake

William Blake est un poète anglais (1757-1827) qui fut aussi peintre et graveur. Très jeune, il fait part à ses parents de visions étranges qui le transportent dans un monde fantastique, lequel évoluera vers des contenus bibliques, des thèmes religieux lorsqu'il atteint l'âge adulte. Il se croit en relation constante avec les esprits, les anges, les archanges, au point que certains de ses contemporains le jugent fou. Cependant ses gravures, ses peintures, ses poèmes témoignent d'une inspiration où le génie et le mystère se conjuguent et s'équilibrent. Le plus célèbre de ses poèmes, « The Tyger », est utilisé dans la saison 2 de la série *Mentalist*.

François Coppée

François Coppée (1842-1908) connut la gloire en son temps non par la poésie mais par le théâtre : le 14 janvier 1869, sa comédie en un acte et vers, *Le Passant*, fut acclamée par un public conquis, heureux de lui faire fête ensuite pour une quinzaine de pièces, mais aussi une bonne douzaine de romans, et – venons-y – plus de vingt recueils de poèmes !

Que reste-t-il aujourd'hui de cet écrivain d'origine modeste et qui voulut toujours écrire de petites choses sur des petits riens? L'ultime vers d'un poème qui servit de titre à un roman célèbre: « Est-ce que les oiseaux se cachent pour mourir? » Est-ce là tout ce qui survit de Coppée? Non, car vous pouvez lire aujourd'hui le sonnet qu'il écrivit à l'artiste belge Henriette Ronner qui lui avait envoyé un album illustré sur les chats.

Charles Cros

Un surdoué, un génie, Charles Cros! Latin, grec, hébreu, sanscrit, allemand, italien, il possède tout cela parfaitement, mais son cerveau accueille en sciences de telles connaissances qu'il invente le procédé de la photographie en couleurs, le phonographe... Il rectifie les « mesures des détails figurés sur la planète Mars ». Et puis, il écrit des poèmes, étonnants, drôles, coquins ou poignants. En octobre 1871, il héberge Rimbaud l'errant; leurs voies se brouillent. Qui fut le plus grand? Rimbaud (1854-1891) ou Cros (1842-1888)? Tous deux égaux? Peut-être l'avantage à... vous de décider!

Henry de Fleurigny

« Je place M. de Fleurigny sous la protection de Montesquieu, d'autant que lui aussi se préoccupe de l'esprit de nos lois et de notre société: nous savons en quelle médiocre estime il tient la peine de mort ; il n'est point satisfait de la législation du travail et juge au surplus que les choses sont mal arrangées et que l'humanité déséquilibrée s'en va au néant. » Ainsi s'exprime Paul Darmon dans la *Revue littéraire*, supplément du journal *La Justice*, dont le directeur est Georges Clemenceau et le rédacteur en chef Camille Pelletan. Henry de Fleurigny (1849-1916) était un poète, un romancier, un hédoniste et sybarite apprécié de ses contemporains. Il n'a pas laissé une trace profonde dans le monde des lettres, mais ses chats veillent sur sa mémoire.

Leconte de Lisle

Foin des jérémiades lamartiniennes, foin des pleureuses aux plumes à rimes, foin des bataillons de poètes qui s'escriment contre la société ! L'art poétique c'est la beauté, la prudence et la pudeur, la retenue, la perfection, l'irréprochable dans la forme, et, dans le fond, l'élévation… C'est tout cela que prêche à ses fidèles Leconte de Lisle (né à Saint-Paul, île de la Réunion, en 1818, mort à Louveciennes en 1894), créant ainsi le mouvement parnassien, opposé au romantisme à la mode. Mais parfois, même Leconte de Lisle, académicien en 1886, se laisse aller aux délices des bords du lit de « filles aux cheveux de lin », à la fascination des félins…

Anna de Noailles

Princesse, comtesse, poétesse et romancière… Anna de Noailles (1876-1933) a pris, dans ses poèmes, les mots pour des princes, des comtes et des poètes, elle leur a demandé d'investir le cœur et ses tourments, le désir et ses rêves afin que rien dans l'écriture ne dénature l'aveu ou bien l'adieu au bord des lèvres, ni l'émotion, ou le refus qui tue. Brillante, lyrique dans le Paris mondain du début du siècle, des années vingt, elle était d'origine roumaine par son père, grecque par sa mère.

François Fabié

Le journaliste et poète Jules Tellier (1863-1889) mourut à vingt-huit ans, d'une fièvre typhoïde contractée en Algérie. Outre quatre recueils de poèmes de bonne facture, on connaît de lui certaines critiques assez rudes visant certains de ses confrères en écriture, notamment celle qui étiquette « régionaliste », en des termes confinant au mépris, le poète François Fabié (1846-1928) : « Tout le long de ses livres, je note un je ne sais quoi de fruste et de gauche. À propos d'un chat qui poursuit une souris, le poète se croit obligé de se rappeler Achille poursuivant Hector autour des murs de Troie. Il a souvent de ces pédanteries faciles. Il m'apparaît comme un mélange singulier (intéressant et sympathique après tout) de rustique et d'universitaire de province. » On peut compenser cette petite cruauté en lisant, en relisant, en partageant le délicieux, l'universel et astucieux poème de Fabié : « La chatte noire ».

Auguste Gaud

Auguste Gaud est né à Javarzay en 1857, mort à l'hôpital de Bordeaux en 1924 dans des conditions particulières. En effet, après avoir dîné de champignons dans un bon restaurant, il succomba à un empoisonnement dû à quelque amanite vénéneuse égarée parmi cèpes et honnêtes coulemelles. Cordonnier comme son père, vendant sa production dans les foires et marchés de la région, le virus de l'écriture l'orienta vers la création poétique et dramatique. Devenu juge de paix dans l'Oise, puis à La Rochelle, il prit la tête d'un félibrige poitevin, correspondant avec Frédéric Mistral et Maurice Rollinat qui lui écrivit ces lignes admiratives : « Mes sincères félicitations pour vos jolis vers émus, chantants. » Rollinat ému par le « pauvre petit chat » ? Assurément, autant que nous !

André Gill

André Gill (Louis-Alexandre Gosset de Guines, 1840-1885) se découvre très tôt une vocation de dessinateur et s'oriente vers la caricature où il excelle. Il publie ses premiers dessins à dix-neuf ans dans des journaux satiriques, encouragé par son ami Jules Vallès. Il appartient à la mouvance artistique chahuteuse, effervescente des années 1880, notamment au Cercle des poètes zutiques où toutes les extravagances sont permises. En 1879, les propriétaires du *Cabaret des assassins* à Montmartre lui demandent de peindre une nouvelle enseigne pour leur établissement. Il représente alors un lapin sortant d'une casserole. Le cabaret devient alors : *Au lapin à Gill*, devenu au fil du temps : *Le Lapin agile.*

Charles Guérin

Charles Guérin est né en 1873 à Lunéville dans une famille d'industriels lorrains. Il publie son premier recueil de poèmes à vingt ans, préfacé par Georges Rodenbach, poète mais aussi romancier, auteur, entre autres, de *Bruges-la-Morte* en 1892. Charles Guérin est un familier des « Mardistes », écrivains invités chaque mardi au 89 rue de Rome, chez Stéphane Mallarmé.

On pouvait y rencontrer Paul Claudel, Claude Debussy, André Gide, Oscar Wilde, Alfred Jarry, Paul Valéry… Il collabore à plusieurs journaux, voyage à l'étranger, rend visite à Orthez à Francis Jammes. À 33 ans, le 17 mars 1907, il décède à Lunéville d'une tumeur au cerveau.

Victor Hugo

Donnons la parole à Champfleury (1821-1889), journaliste et écrivain : « Dans ma jeunesse, j'eus l'honneur d'être reçu chez Victor Hugo, dans un salon décoré de tapisseries et de monuments gothiques. Au milieu s'élevait un grand dais rouge, sur lequel trônait un chat, qui semblait attendre les hommages des visiteurs. Un vaste collier de poils blancs se détachait comme une pèlerine de chancelier sur sa robe noire : la moustache était celle d'un magyar hongrois, et quand solennellement l'animal s'avança vers moi, me regardant de ses yeux flamboyants, je compris que le chat s'était modelé sur le poète et reflétait les grandes pensées qui emplissaient le logis. “C'est lui, m'écrit Victor Hugo, c'est mon chat qui a fait dire à Méry[1], dans les jambes duquel il faisait le gros dos, ce mot illustre : 'Dieu a fait le chat pour donner à l'homme le plaisir de caresser le tigre.'" » Ce chat s'appelait Chanoine.

Jules Laforgue

Montevideo a donné à la France trois grands poètes : Jules Supervielle, Isidore Ducasse, et Jules Laforgue (Montevideo 1860-Paris 1887). Trois poètes issus d'une histoire de parents qui émigrent vers l'Amérique du Sud, d'installation en un pays lointain où les rêves d'herbe plus verte se fanent au fil des jours pendant que germent des idées de retour. Supervielle, Ducasse (Lautréamont) et Laforgue revinrent au pays. Laforgue y fit ses études puis, en 1883, devint lecteur auprès de l'impératrice Augusta, grand-mère du futur empereur Guillaume II. En 1886, il épousa, en Angleterre, miss Leah Lee. En 1887, il s'installa avec elle, à Paris. La même année, à vingt-sept ans, il quitta la vie. Un an plus tard, Leah Lee la quitta aussi. Lisez Laforgue, tout Laforgue. La plus vivante des poésies.

---

1 Joseph Méry (1797-1866), ami de Victor Hugo (1802-1885), était poète, romancier, dramaturge, journaliste et librettiste.

Louis Le Cardonnel

Né à Valence en 1862, Louis Le Cardonnel fut l'ami intime de Paul Verlaine. Tous deux s'illustraient par une présence parfois turbulente au *Cabaret du Chat Noir*. Il eut aussi pour compagnons de déroute le rebelle Hugues Rebell, le fragile Charles Guérin. Puis il répondit à un puissant, ou pressant appel céleste en 1894, devenant prêtre en 1896, année de la mort de Verlaine. C'est donc frère Anselme en religion qui mourut à Avignon, en 1936, à soixante-quatorze ans, offrant à la postérité – donc à notre lecture – cinq recueils de jolis poèmes.

Gustave Le Vavasseur

Condisciple d'études, de Charles Baudelaire qu'il décrit ainsi : « Brun, de taille moyenne, maigre comme un ascète, propre comme une hermine, mis comme un secrétaire d'ambassade, réservé, libertin, caustique, se tourmentant l'esprit pour se moquer de son cœur… », Gustave Le Vavasseur est né en 1819 à Argentan et mort à La Lande-de-Lougé en 1896. Entre temps, il vécut dans la capitale, s'y forgea la réputation d'un bon poète classique, fut admiré de ses lecteurs, revint vivre dans sa Normandie natale, y devint maire, conseiller général, président de la société des antiquaires, et amoureux des chats.

Jules Lemaître

« Il est des heures où les *Harmonies*, les *Contemplations* et les *Nuits* ne nous satisfont plus, où l'on est infâme au point de trouver que Lamartine fait gnan-gnan, que Hugo fait boum-boum, et que les cris et les apostrophes de Musset sont d'un enfant »… Eh bien, Jules Lemaître (1853-1914), on craque ? Vous, l'académicien, le professeur, le critique, l'esprit qui brille bien plus qu'il ne convainc, l'auteur moyen, le poète médiocre, l'écrivain oublié, Jules, on jette le masque ? Allons, soyons bon prince, on vous pardonne, oui, mais seulement le temps de la lecture de « À mon chat »…

Jean Lorrain

Le premier livre que fait paraître Marcel Proust en 1896 a pour titre *Les Plaisirs et les Jours*. C'est un recueil de textes variés où son art se montre plein de promesses. Il est pourtant reçu sévèrement par la critique. Notamment par Jean Lorrain (1855-1906) – écrivain réputé pour la férocité de ses portraits, de ses jugements : il en dit tant de mal qu'il se retrouve au petit matin sur un pré, un pistolet à la main. Face à lui, un pistolet à la main aussi : Marcel Proust ! Heureusement, tout se termine sans blessures… Jean Lorrain, volontiers provocateur et amateur de scandales retentissants, publie des recueils de poèmes, des romans, des nouvelles et contes – dont les *Contes d'un buveur d'éther* en 1895, substance qui fait partie de ce qui provoqua sa mort prématurée.

Stéphane Mallarmé

« Monsieur Mallarmé enseigne tout sauf l'anglais », écrit un inspecteur venu contrôler la qualité de l'enseignement que dispense le poète Stéphane Mallarmé à ses élèves. Ce qu'ignore sans doute cet inspecteur, c'est que lorsque ces élèves dont il est question retrouvent Mallarmé au café d'en face, ou ailleurs que dans le lieu clos et carcéral de la classe, il les charme, les fascine par son étrange commerce avec le langage, par son aisance à crypter et décrypter tout ce qui ressortit à la poésie à travers les âges, au fil de la sienne. Stéphane Mallarmé, Étienne pour l'état civil, est né à Paris en 1842. Profondément marqué par la mort de sa sœur Maria, âgée de treize ans, en 1857, il compose poèmes et proses pour sortir à la fois de son immense chagrin et de sa vie professionnelle, « premiers pas vers l'abrutissement ». Ses amis poètes, musiciens, peintres sont éblouis par sa poésie, entre le sibyllin et le mystère, l'insolite et l'obscur, mais si on se penche sur sa syntaxe, on se rend compte que c'est elle surtout qui joue les acrobates.

Henry Monnier

Écrivain, illustrateur, acteur, artiste aux multiples talents, ami du peintre Delacroix, des écrivains Dumas, Gautier, Sue, Mérimée et surtout Balzac, Henry Monnier (1799-1877) crée le type caricatural du bourgeois de Paris, Monsieur Prudhomme, repris par Paul Verlaine dans les *Poèmes saturniens*:

> « Il est grave: il est maire et père de famille.
> Son faux col engloutit son oreille. Ses yeux
> Dans un rêve sans fin flottent insoucieux,
> Et le printemps en fleur sur ses pantoufles brille »

Henry Monnier a souvent le trait vif, voire cruel, par la plume ou le pinceau, mais son esprit plaît à ses contemporains. Et ses chats de partout demeurent bien vivants pour nous.

Jean Moréas

Dans *Le Figaro* du 18 septembre 1886, Jean Moréas écrit: « Une nouvelle manifestation d'art était donc attendue, nécessaire, inévitable. Cette manifestation, couvée depuis longtemps, vient d'éclore [...] Nous avons déjà proposé la dénomination de symbolisme comme la seule capable de désigner raisonnablement la tendance actuelle de l'esprit créateur en art. Cette dénomination peut être maintenue. » Jean Moréas (Ioánnis A. Papadiamantópoulos, Athènes, 1856, Saint-Mandé, 1910), baptise donc du nom de « symbolisme » le nouveau mouvement poétique qu'il va nourrir d'un grand nombre de ses œuvres avant de revenir au classicisme, et d'y loger quelques chats...

Louisa Paulin

Louisa Paulin (1888-1944) est née à Réalmont dans le Tarn. On y parle l'occitan qu'elle connaît à l'oral, mais qu'elle n'apprendra à écrire qu'à l'âge de 44 ans, lorsqu'elle doit abandonner son métier d'institutrice à cause d'une grave neuropathie. Sa création poétique dans les deux langues française et occitane, est couronnée de nombreux prix. Elle écrit jusqu'à son dernier souffle, dans la commune de sa naissance.

Maurice Rollinat

Au *Cabaret du Chat Noir* à Montmartre, vers 1880, on voit apparaître le soir un personnage qui joue et surjoue le rôle du poète décadent : Maurice Rollinat (1846-1903). Filleul de George Sand, Rollinat est né à Châteauroux dans l'Indre. Établi à Paris, il y publie en 1877 un recueil plein des douceurs de la nature *Dans les brandes*. Six ans plus tard, en 1883, paraît *Les Névroses*. Les critiques le comparent à Baudelaire, mais Rollinat critiquant les critiques, refuse cette image qu'il ne cesse pourtant de cultiver au *Chat Noir*. Huit ans après sa mort, en 1911, paraît son recueil intitulé *Les Bêtes* où l'on voit, finement, délicatement croqués, le renard, la poule, la pie, la carpe, le rouge-gorge, le roitelet, le rat, et… le chat !

Edmond Rostand

Edmond Rostand naît le 1er avril 1868 à Marseille, dans une famille de banquiers et de commerçants. Bagnères-de-Luchon, où il vient d'abord en vacances avec sa famille avant qu'y soit construite leur Villa Julia, proche du casino, devient le cadre idéal pour que son inspiration se déploie. À partir de 1888, il publie des recueils de poèmes et des pièces de théâtre. Celle qui lui procure une célébrité mondiale et le fait passer à la postérité a pour titre *Cyrano de Bergerac* dont la première a lieu le 28 décembre 1897 au théâtre de la Porte Saint-Martin à Paris. C'est un véritable triomphe qui ne s'est jamais démenti. Edmond Rostand meurt le 2 décembre 1918, à Paris. Il avait pour épouse la poétesse Rosemonde Gérard (1866-1953).

Hippolyte Taine

Premier prix au concours général de composition française en 1847, Normale sup ensuite, Hippolyte Taine (1828-1893) qui fait figure d'intellectuel indépendant devient une cible pour les autorités du Second Empire. Il est éloigné de Paris en 1852 pour n'y revenir que dix ans plus tard, profitant d'un assouplissement du régime politique. Il peut alors publier son œuvre majeure : *Les Origines de la France contemporaine.* Taine l'historien rigoureux, le philosophe rationnel, l'amoureux de la science, considérait-il comme une faiblesse la création poétique ? Peut-être, car il écrivit pour les trois êtres attendrissants qui lui tenaient compagnie dans ses travaux austères, ses trois chats, douze poèmes qui étaient presque destinés à l'oubli après sa mort – sa famille refusant qu'ils soient publiés – si le supplément littéraire du *Figaro*, daté du 11 mars 1893, ne les eût exhumés et proposés à ses lecteurs et, partant, aux lecteurs d'aujourd'hui.

Paul Verlaine

Amoureux. Verlaine (1844-1896) a toujours été amoureux de l'idée même de l'amour, sans jamais réussir à la conduire sur l'étroit sentier du bonheur. Amoureux de sa cousine Élisa Moncomble... frôlements de doigts, regards troublants, gestes équivoques sans doute, rendez-vous secrets, peut-être, peut-être plus encore, sait-on... Mais Élisa se marie à quelqu'un d'autre, attend un enfant. L'enfant naît, sa mère en meurt. Verlaine sombre. Son existence devient celle d'un naufragé qui s'accroche à la poésie, à la fée verte – l'absinthe –, à Rimbaud l'illuminé. Tant de beauté dans ses poèmes, tant d'horreur dans sa vie – violence contre sa femme Mathilde, contre sa mère... Verlaine des extrêmes. Pour nous, sa poésie. Tout le reste pour l'oubli.

XXe SIÈCLE

Maurice Carême

Né à Wavre en Belgique, Maurice Carême (1899-1978) fait ses études à l'École normale primaire de Tirlemont. C'est là qu'il écrit ses premiers poèmes, en 1914. Devenu instituteur en 1918, il vit près de Bruxelles. D'abord attiré par les mouvements surréalistes et futuristes, il s'en met bientôt à distance pour s'orienter vers la poésie destinée aux enfants. En 1943, il quitte l'enseignement et se consacre entièrement à la littérature. En 1947 paraît son recueil *La Lanterne magique* qui obtient un succès considérable auprès des jeunes lecteurs. C'est le début d'une longue série de publications à succès. En 1972, Maurice Carême, à Paris, est nommé « Prince des poètes ». Il décède six ans plus tard à Anderlecht, laissant à la postérité vingt-quatre recueils de poèmes, contes, romans, nouvelles, essais. Son œuvre est traduite dans le monde entier.

Robert Desnos

Le 22 février 1944, on avertit Robert Desnos (1900-1945) que la Gestapo va venir l'arrêter. Il s'y attend depuis longtemps : en effet, journaliste, il cache une activité de résistant qui a été découverte. Plutôt que d'exposer sa femme Youki à la torture en disparaissant, il se laisse capturer. Il est déporté au camp de Flöha, en Saxe, puis transféré au camp de concentration de Terezin (aujourd'hui en République tchèque) ; c'est là qu'il meurt du typhus le 8 juin 1945. Mis à l'écart du mouvement surréaliste duquel il avait fait partie, Robert Desnos a publié, en dehors de toute école, de tout dogmatisme, une œuvre riche et originale.

Paul Éluard

Paul Éluard, c'est Eugène Grindel (1895-1952) – Éluard est le nom de sa grand-mère. Il rencontre, alors qu'il séjourne dans un sanatorium, en Suisse, pour y soigner sa tuberculose, Gala pour laquelle il écrit ses premiers poèmes. Gala, c'est Helene Dimitrieva Diakonava. Ces deux masqués s'installent à Paris, se marient. Éluard milite aux côtés d'André Breton (1896-1966) le surréaliste, puis se passe de toute doctrine, devient le poète sincère et spontané qui plaît aux femmes et aux hommes qui les aiment. Gala le quitte pour le peintre Salvador Dalí en 1929. Coup terrible pour le poète qui saura s'en remettre auprès de Nusch (Maria Benz), Jacqueline Trutat, puis Dominique Lemor, sa dernière compagne. Pendant la Seconde Guerre mondiale, Éluard, devenu un clandestin, résiste à l'occupant en publiant notamment le poème « Liberté », parachuté à des milliers d'exemplaires par l'aviation anglaise sur la France occupée.

Jacques Prévert

Jacques Prévert (1900-1977), ce sont des films, des scénarios (ou, si vous faites partie des intégristes du pluriel en langue d'origine : des scenarii…), des chansons

– l'inoubliable, l'inusable *Les Feuilles mortes* sur une musique de Joseph Kosma –, du théâtre, et surtout, de la poésie. Son recueil majeur, *Paroles*, s'arrache en librairie dès sa mise en vente, en 1945 ! Du jamais-vu pour la poésie qui s'envole, décontractée, souriante, drôle, amusante, inattendue, vers des millions de lecteurs ravis – on n'a pas fait mieux depuis. Et personne ne relève le défi…

Sully Prudhomme

Le 10 décembre 1901, le prix Nobel de littérature est attribué pour la première fois. C'est un Français qui l'obtient : Sully Prudhomme (1839-1907). Il eût aimé devenir ingénieur, il travailla chez un notaire, écrivit des vers. Sainte-Beuve (1804-1869) surtout le remarqua, pour « Le Vase brisé » notamment. À mesure qu'il avance en âge, Prudhomme économise sur le sentiment, privilégie la forme, approfondit une certaine philosophie. Et s'éloigne peu à peu de ceux qui transportent en eux, comme la fin d'une aventure, de son vase brisé, seulement la fêlure.

Claude Roy

Claude Roy (1915-1997), né à Paris, est élevé à Jarnac, patrie d'un certain François Mitterrand. Explorateur aux multiples facettes, tant en politique qu'en écriture, on le découvre à droite, puis à gauche, résistant, nouvelliste, critique, poète, traducteur, journaliste, romancier, dramaturge, et toujours amoureux du verbe pour tous les âges, les adultes et les enfants. Ses poèmes sont de petites merveilles; on les découvre, entre autres, dans *L'Enfance de l'art* (1942), *Farandoles et Fariboles* (1957), *Temps variable avec éclaircies* (1985, premier Goncourt de la poésie).

Émile Verhaeren

Le 27 novembre 1916, un voyageur fait un faux pas sur le quai de la gare de Rouen. Il glisse, tombe sous le train, et perd la vie. Cette mort tragique est celle du poète belge d'expression française Émile Verhaeren. Il était né en 1855. Son œuvre la plus importante, *Les Villes tentaculaires* (1895), lui avait apporté une renommée européenne. En voici un extrait:

> « Les toits semblent perdus
> Et les clochers et les pignons fondus,
> Dans ces matins fuligineux et rouges,
> Où, feu à feu, des signaux bougent.
> Une courbe de viaduc énorme
> Longe les quais mornes et uniformes;
> Un train s'ébranle immense et las [...]. »

Le dimanche 26 septembre 2021, à la fin de l'extraordinaire salon Livres en Vignes créé au Clos de Vougeot en Bourgogne par l'épatante Évelyne Philippe, Jean-Antoine Viguier, ailurophile et fort sympathique libraire à Besançon me lança, après que nous eûmes commenté attendris les photos de nos petits félins sur un certain réseau social: « Tu devrais composer une anthologie de la poésie féline! » « Soit! » lui répondis-je tout heureux de cette proposition que, depuis, je me suis étonné de ne pas m'être faite à moi-même, « Et si je l'écris, je préciserai que c'est toi qui m'en as donné l'idée. » Voilà qui est fait, cher Jean-Antoine. Le soir même je transmettais cette idée à mes excellentes éditrices Sandra Monroy et Abigaïl Friard; et le lendemain, une foule de petits et grands félins ont commencé à envahir mes pages. Pour le bonheur de toutes et tous les Gribouille, Kiwi, Câline, Tigrou, Minette, Félix ou Clochette, Noisette ou Globule, Filou, Loulou ou Grisou, ainsi que celui de leurs maîtresses, maîtres et serviteurs.

JJJ